KB054149

세기의 책들 20선

천년의 지혜 시리즈
NO. 8
자기계발 편 3부

살아 있는 한,

포기할 수 없는

'나'의

꿈을 이뤄주는 책

최초 출간일 1926년

살아 있는 한,
포기할 수 없는
'나'의

꿈을 이뤄주는 책

로버트 콜리어 지음 / 서진 편저·기획 / 안진환 번역 감수

SECRET OF
THE AGES

A NEW THOUGHT CLASSIC

ROBERT COLLIER

SNOWFOX

천년의 지혜 시리즈

무엇을 읽어야 할까?

스노우폭스북스는 정말 읽어야 할 책을 선보이고 싶다는 열망의 해법을 찾기 위해 과거로 향했습니다. 이 과정에서 과거에 살았던 사람들이 겪던 문제와 현실이 지금의 모습과 결코 다르지 않다는 사실을 발견하게 되었습니다.

출간 후 1년만 지나도 사라지는 것이 지금의 시장입니다. 이런 때, 시대와 세대를 넘어 50여 개 언어와 나라에서, 많게는 2천여 번 이상 적게는 몇십 번 넘는 개정판으로 출간된 책들을 여러분께 보여드리고 싶은 강렬한 열정으로 저희는 가득 차 있었습니다.

어떻게 만들었을까?

약 2년여 동안 세계 각국에 흩어져 있는 오래된 고전 중에서 지금의 많은 사상들을 만들어 낸 시조가 되는 책들을 찾았습니다. 총 1만 2천 종의 도서를 검토했으며 그중 세계적으로 인정받으며 현재까지 절판되지 않거나 고전으로 자리매김한 책 20종을 '세기의 책'으로 명명하고 최종 출간 시리즈로 선정했습니다.

책은 총 20종이며 시리즈로 출간 예정입니다. 1부 경제경영, 2부 자기계발, 3부 에세이, 4부 인문, 5부 철학으로 구분해 여러분께 이 귀중한 불변의 지혜를 전해 드릴 목표를 갖고 있습니다.

왜 만들었을까?

저희는 지금껏 우리 대중의 마인드와 태도의 바른 방향을 제시하는 지혜들을 파생시킨 '최초의 시작'을 전해드리고자 했습니다. 이런 귀중한 불멸의 지혜들을 하나의 시리즈로 묶어 즉각 접해 읽을 수 있게 만들고 싶었습니다.

이로써 지혜와 더 깊은 통찰에 목마른 우리 모두에게 '읽을거리'를 제공하고자 했습니다. 또한 가벼운 지금의 '읽기'에서 보다 깊이 사유하는 '읽는 사람'으로 변화되는 일을 만들어 나가고자 합니다.

THE
WISDOM OF
A
MILLENNIUM

출간 일정 및 분야

전체 출판 기간: 2023년 12월 ~ 2025년 11월 완결

전체 출판 분야: 경제경영, 자기계발, 에세이,
인문·철학, 내면·마음챙김
총 20종

PART 1
경제경영 시리즈 4종

5000년의 부
최초 출간일 1926년

불멸의 지혜
최초 출간일 1910년

부의 기본기
최초 출간일 1880년

결코, 배불리 먹지 말 것
최초 출간일 1812년

PART 2
자기계발 시리즈 4종

영원히 날씬할 방법을 찾고 있어
최초 출간일 2005년

스스로 창조한 '나'
최초 출간일 1903년

꿈을 이뤄 주는 책
최초 출간일 1926년

Coming soon

PART 3
에세이 시리즈 4종

사소한 것들로 하는 사랑이었다
최초 출간일 1997년

Coming soon

Coming soon

Coming soon

천년의 지혜 시리즈를 만들면서 점점 서문을 쓰기가 어려워집니다. 정말 읽을 만한 책, '그 누구에게도 가장 먼저 권할 수 있는 책을 만들자'라는 떨리는 마음으로 덤비듯 처음 작업을 시작했습니다. 그러나 책 한 권 편저를 마칠 때마다 고된 작업은 잊히고 서문 쓰는데 더 긴장하는 저를 봅니다.

이리도 귀한, 이 책들이 세상에 얼마나 많은 긍정적인 변화를 준 걸까요? 얼마나 많은 사람을, 비참함을 딛고 아무것도 가진 것 없는 허허벌판 같은 태생적 고난에서 일어나게 한 걸까요?

아마 그 수는 헤아릴 수 없이 많겠지요. 귀동냥으로 들은 우리 주변 누군가, 신문과 방송에 나오거나 책으로 쓰인 많은 위인, 사업가들 모두 처음엔 가진 것 없는 사람들이었던 걸 아니까요.

자기계발 파트로 묶어 편저 한 이 4종의 시리즈에서, 지금껏 읽고 만들고 판매해 왔던 많은 책을 고스란히 느낍니다. 이리저리 흩어져 있던 복잡하고 정교한 기계 부품들이 여러 책 속으로 나눠 들어가 있던 것처럼 느껴집니다.

한 권에 책에 지금의 자기계발과 형이상학이 어떻게 이렇게 완전하게 들어 있을 수 있을까요?

거창한 수식어 없이 이제는 대명사처럼'시크릿'으로 명명되는 내면의 힘과 잠재의식의 힘으로 삶과 인생과 운명을 바꾼 힘에 대해, 어떻게 이처럼 명료하게 다룰 수 있던 걸까요?

모든 것에는 시초가 있나 봅니다. 이 책이 그 첫 벽돌이 아니었을까요?

주변에서 이제는 비아냥거립니다. "온 우주의 힘으로 모든 것을 이뤄 봐~"라는 말이든 문장이든, 이제는 개그 소재나 비웃는 말처럼 쓰게 됐습니다. 그러나 아픈 환자가 집에 있는 사람이라면 압니다. 절실한 마음으로 아픈 가족에게 입 아프게 하는 말은'좋은 생각만 해' '나을 수 있다는 생각만 해' '좋아졌대'가 아닌가요?

왜 그런 말을 할까요? 아무리 비웃어도 사람 내면의 힘이 크고 강하다는 걸 스스로 알기 때문이고 그 힘없이는 결코 일어서지 못하거나, 일어설 수 있던 사람도 생명이 꺼질 수 있다는 걸 알기 때문입니다.

내면의 힘은 우리 생활 곳곳에서 모두가 이미 잘 알고 사용합니다. 시련과 극복할 수 없는 어려움에 직면하면 열렬히 신을 찾고 기도하며 '이겨 낼 수 있는 힘을 달라'고 합니다. 물러설 곳이 더 이상 없을 때, '그래 나는 할 수 있어'란 말을 우리는 얼마나 자주 쓸니까? 비록 그 말대로 행동하지 못하거나 포기해 버리고 말지언정, 그 말 한 번 하지 않았던 시련이 있었나요?

맞습니다. 어렴풋이 우리도 내면의 힘이 세고 강하다는 걸 알고 있는 것이며 이미 사용해 왔던 것이죠. 이제 여기서 한발 더 나아갈 뿐입니다. 이 책에서는 우리가 익히 알고 사용해 온 그 마음이란 것이 어떻게 '내가 원하는 모든 것을 이뤄주는가?'라는 지대한 물음에 모든 답을 적어 놓았습니다. 그리고 그 대단하고 '무한한' 힘이 무엇이고 어디에 있으며, 그것이 나 자신과 무슨 상관이 있는지 상세하게 반복적으로 해설합니다.

우리는 모두 인간입니다. 그래서 늘 생각을 도구로 활용하며 살고 있습니다. 바로 그 '생각'이 인간의 내면을 만듭니다. 내면의 모든 것은 태어나는 순간부터 갖고 있던 '우주적 힘'인 내 잠재의식과 연결됩니다. 따라서 모든 것이 생각한 그대로 이뤄져 내 삶에 나타나게 됩니다. 생각은 각 사람의 내면에 고스란히 들어갑니다. 여기까지는 당연한 결과로 의문을 제기할 수 없겠지요. 바로 이 지점입니다. 우리가 한발 더 나아가면 되는 지점 말입니다.

우리 내면으로 들어간 모든 것은 살면서 90%를 사용하지 않고 있는 잠재의식으로 연결됩니다. 그것을 내면의식, 무의식, 초의식, 신, 에너지, 이름을 무엇이라 부르든 그곳과 하나로 반드시 연결됩니다. 셀 수 없이 많은 선구자와 영적 스승이 언급해 왔던 무한한 힘과 하나로 연결된, '그것', 즉 나의 잠재의식은 내가 생각하고 내면에 담은 것으로부터 언제나 시작버튼이 움직이게 돼 있는 것입니다.

지금 주변을 둘러보세요. 공기가 있나요? 새나 작은 곤충들, 나무와 바람, 해와 구름이 보이세요? 이 지구의 모든 생명체는 발전하고 있고 지금, 이 순간에도 번성하고 있습니다. 이 창조적 힘이 바로 잠재의식과 하나로 연결된 힘입니다. 이 무한의 힘, 번영의 힘, 자연의 법칙이 바로 인간 개개인의 내면에 있는 힘인 것입니다. 애초에 이 힘은 우주의 에너지로 무엇이든 창조하고 번성하게 하는 것 외에 다른 법칙이 없습니다. 따라서 그것과 동일한 힘을 가진 내면 의식과 연결돼 '내가 원하는 것을 사물로 만들어 내는 것'입니다.

많은 독자가 '잠자는 내 안의 거인을 어떻게 깨우는가?'를 궁금해했을 것으로 생각합니다.

그렇게 자주 언급되는 그 '무한한 힘'이 도대체 있기는 한 것인지, 있다면 어디에 있다는 것이며, 어떻게 활용할 수 있는지 묻습니다. 사실 더 많은 말로 설명을 담고 싶지만, 자신 내면의 진짜 '나'를 찾는 여정은 온전히 개인의 몫이라 이 책에서는 다만, 실제 하는 힘으로 여러분의 주의를 집중시키는 데 목적이 있습니다.

다만, 이 명료한 책 한 권에 형이상학과 자기계발을 탐독해 온 독자 여러분의 궁금증이 해결되는 실마리가 들어 있다는 메시지를 남깁니다. 지금껏 나 자신만의 힘(의식)으로 역경과 기회를 만들어 왔습니다. 이제 내 안의 90%의 나머지 힘을 더해 모든 것을 이뤄내기를 바랍니다.

– 편저자 서진

만약, 시간보다 돈이 더 많고 다 쓰지 못할 만큼 많은 돈이 있다면 어떤 자선 사업을 하고 싶으세요? 도서관? 병원? 교회? 맹인이나 장애인 또는 노인을 위한 시설인가요?

저는 집이 될 것 같습니다. 노인이나 병약한 사람을 위한 집이 아니라 젊은 부부를 위한 집이요. 억만장자 자선가 반열에 오르면 젊은 부부들이 결혼 생활의 첫해와 두 번째 해를 잘 보낼 수 있게 해주고 싶어요. 특히 현실적인 문제가 생기는 두 번째 해를 극복하게 돕는 기금을 시작하고 싶다고 자주 생각해 왔습니다.

한 남자와 여자 그리고 작고 아늑한 보금자리에 영리하고 건강한 아기까지 있다면 세상에서 이보다 더 행복한 일은 없을 것입니다.

하지만 계속 울어대는 아픈 아기, 지치고 피곤한 어린 엄마, 걱정과 낙담으로 마음 아픈 아버지라면 그보다 더 불행한 것은 없겠죠.

한 달 동안 간호사가 돌봐준다면 몇 주 동안 바닷가나 산에서 생활할 수 있다면, 부담스러운 의료비용에 지원이 있다면 얼마나 좋을까요? 이것 중 어느 것이라도 저 힘든 가족에게는 천국일 것입니다. 하지만 그들이 이것을 받을 수 있을까요? 그렇지 않습니다! 그 이유는 그들이 누군가에게 도움을 받을 만큼 가난하지 않기 때문입니다. 하지만 부유하지도 않습니다. 가난한 자와 부유한 자의 부담을 모두 짊어지고 자신들이 쓰고 남는 것만 갖는 사회적 소득층에 속하니까요.

저는 이 책을 바로 그들에게 바치고 싶습니다. 제가 그들을 위해 도서관이나 대학을 설립하지 못하지만 아마 그들에게 필요한 모두를 가질 수 있는 길은 안내할 수는 있을 것 같습니다. 길을 알게 된다면 자선은 물론이고 동정심도 필요없어질 테니까요. 필요한 것은 영감과 기회, 자신만의 기회를 만들 수 있는 영감입니다. 그리고 이것이야말로 누군가에게 줄 수 있는 가장 큰 선물입니다.

여기 모두가 꿈꿔왔지만 거의 포기했던 성공을 스스로 이룰 방법이 있습니다. 모든 젊은 부부가 두 팔 벌려 환영할 바로 그것입니다. 남편과 아내가 가정의 행복뿐 아니라 비즈니스의 성공을 위해서도 함께 일할 수 있는 '영원한 삼각편대'를 만드는 일입니다.

이 책은 가만히 있기를 원하지 않고 성장을 멈추기를 거부하는 남성과 여성을 위해 쓰였습니다. 따라서 이 책은 자신의 잠재능력을 더 명확하게 이해하게 하고 자신의 무한한 에너지와 함께 어떻게 일하고 활용할 수 있는지 보여줄 것입니다.

갈림길에 선 사람이 어떤 길을 선택해야 할지 몰라 두려워하는 것은 당신에게 해당되지 않을 것입니다.

- 로버트 콜리어

목차

CONTENTS

1장
마음의 비밀 :
인간의 내면을 깨우다

6장

마음의 내면:
인간의 잠재력을 깨우는 법칙들

7장

생각이 내면으로,
내면이 잠재의식으로

1장

마음의 비밀:

인간의
내면을 깨우다

젊은이여

만일 당신이 자신을 두려워한다면

당신을 위한 것은 거의 남아있지 않을 것입니다.

실패는 내부에서 먼저 시작되기 때문에

알기만 해서는 실패를 면하기 어렵습니다.

그러나 최악의 상황에 직면하더라도

할 수 있다고 결정하면 이길 수 있습니다.

- 에드거 A. 게스트 -

세상에서 가장 위대한 발견

The World's Greatest Discovery

현대의 가장 중요한 발견이 뭘까요? 과학자들의 주장처럼 수 천만 년 전에 낳은 공룡 알의 발견일까요? 고대 문명의 뛰어난 유물이 있는 투탕카멘 무덤의 발굴일까요? 터프츠 대학의 레인 교수가 지구의 나이를 12억 5천만 년으로 추정한 방사선 연대 측정기? 무선 통신? 비행기? 인공 번개일까요?

아니에요. 이들 중 어느 것도 아닙니다. 이들에 대한 방대한 연구와 지난 모든 시대의 연구에서 정말 중요한 것은 사람들이 처음으로 생명의 원리를 이해하기 시작했다는 점입니다. 이 생명 원리는 어떻게든, 어떤 방법이든, 수천 년 또는 수백만 년 전에 이 지구에 도래한 것입니다. 사람들은 자신들이 받은 무한한 힘을 어렴풋이 눈치 채기 시작했고 그것이 주는 무한한 가능성을 알아차리기 시작했어요.

현대의 가장 위대한 발견은 모든 사람이 이 생명의 원리를 마음대로 불러낼 수 있다는 것입니다. 그것은 오래된 이야기 알라딘의 '램프의 요정, 지니'처럼 우리 마음속 하인과 같은 역할을 합니다. 이것을 이해하고 조화를 이루면 건강이나 행복, 부와 성공, 필요한 모든 것을 얻을 수 있습니다. 이 진리를 깨닫기 위해서는 잠시 태초로 돌아가야만 합니다.

태초부터 지금까지 생명체가 해 온 일

In the Beginning

인류의 기원이 50만 년 전 원시 유인원으로 거슬러 올라간다고 믿든, 창조주가 창조한 완전체로 생겨났다고 믿든 상관없습니다. 어떤 경우든 최초의 원인이 있어야 하니까요. 어떤 힘이 최초 생명의 싹을 지구에 가져와 가장 낮은 형태의 식물에서 현대 문명으로 발전한 창조의 과정은 놀라운 일입니다.

태초에 지구는 6천 년 전이든, 10억 년 전이든, 화염에 불과했는데 어느 쪽인들 중요하겠습니까? 중요한 것은 어떤 방식으로든 이 지구에 생명의 싹 즉, 식물, 동물, 인간 등 자연을 살아있게 하는 생명 원리가 나타났습니다.

과학자들에 따르면 지구에 등장한 첫 번째 생명체는 물 위에 떠다니는 젤리 형체의 초라한 해조류였습니다. 다음으로 나타난 것은 가장 낮은 형태의 동물 생명체인 아메바로 하나의 세포로 구성된 일종의 젤리 물고기로 척추가 없고 주변의 물과 거의 구별되지 않았습니다. 하지만 최초의 동물로서의 생명체가 있었고 이것으로부터 오늘날 모든 생명의 기원을 추적할 수 있다고 합니다.

이후 나타난 수백만 가지 식물과 동물의 형태와 모양, 다양성은 모두 여러 조건을 충족시키기 위해 형성된 것들입니다. 수백만 년 동안 이 생명의 싹은 홍수, 지진, 가뭄, 사막의 더위, 빙하의 추위, 화산 폭발 등 온갖 종류의 위험으로부터 위협을 받았지만 새로운 형태의 생명을 탄생시키는 자극제가 되었을 뿐입니다.

한 가지 필요를 충족시키기 위해 공룡이 탄생하고 또 다른 필요를 충족시키기 위해 나비가 탄생했습니다. 인간과 공존하기 훨씬 전부터 이 활용 능력은 수천 가지 방식으로 나타났습니다. 물속의 위험을 피하기 위해 육지를 찾았고 육지에서 쫓기게 되자 하늘로 날아올랐습니다. 바다에서 숨을 쉬기 위해 아가미를 발달시켰으며 육지에 머물게 되자 폐를 완성했습니다. 어떤 위험에 직면했을 때 껍질을 자라게 했고 다른 위험에 침을 만들었습니다. 빙하의 추위로부터 털을 자라게 했으며 온대 기후에서는 머리카락을 발달시켰습니다. 번갈아 오는 더위와 추위를 겪으면서 깃털을 만들었습니다. 이처럼 생명체들은 태초부터 모든 변화하는 조건을 충족하고 모든 생물의 요구에 부응하는 힘을 보여주었습니다.

이런 생명의 법칙이 없었다면 화재와 홍수, 가뭄과 기근이 연이어 발생하던 오래전에 멸망했을 것입니다. 그러나 장애물, 불행, 대재앙은 이 생명체가 힘을 발휘할 새로운 기회에 불과했습니다. 사실 그 힘을 깨우고 에너지와 자원을 드러내기 위해서는 장애물이 필요했습니다. 고대의 괴수였던 거대한 파충류는 사라졌습니다. 하지만 생명의 원리는 남아 있었고 시대가 변화에 따라 변화했고 항상 발전하고 개선되었습니다.

이 생명 사상을 이 땅에 가져온 힘이 무엇이든 간에 그것은 무한한 자원, 무한한 에너지, 무한한 생명을 부여받았습니다! 다른 어떤 힘도 그것을 꺾을 수 없습니다. 어떤 장애물도 그것을 막을 수 없습니다. 생명과 인류의 역사를 통해 자연이라고 부르든, 섭리라고 부르든, 신의 창조나 그외 원하는 무엇으로 부르든, 지성을 인정할 수 밖에 없습니다.

존재의 목적

The Purpose of Existence

모든 존재의 목적이 성장에 있다는 사실을 깨닫지 않고는 그 누구도 시대를 거슬러 올라갈 수 없습니다. 삶은 고정되어 있지 않고 역동적입니다. 항상 앞으로 나아가며 제자리에 멈춰 있지 않습니다. 자연에서 용서받을 수 없는 죄는 가만히 멈춰 있는 것, 정체하는 것입니다. 수 많은 공룡들은 이제 사라졌습니다. 변화하는 환경에 적응하는 법을 몰랐기 때문입니다. 주변의 생명들이 스쳐 지나가는 동안 그들은 가만히 서서 정체돼 있었습니다.

이집트와 페르시아, 그리스와 로마, 고대의 모든 위대한 제국들은 성장을 멈췄을 때 멸망했습니다. 모든 자연 속에서 성장을 멈추는 것은 소멸하는 것입니다.

이 책은 가만히 있기를 원하지 않고 성장을 멈추기를 거부하는 남성과 여성을 위해 쓰였습니다. 따라서 이 책은 자신의 잠재 능력을 더 명확하게 이해하게 하고 자신의 무한한 에너지와 함께 어떻게 일하고 활용할 수 있는지 보여줄 것입니다.

갈림길에 선 사람이 어떤 길을 선택해야 할지 몰라 두려워하는 것은 당신에게 해당되지 않을 것입니다. 미래는 자기 스스로 만들어 가는 것입니다. 무한한 에너지의 유일한 법칙은 공급의 법칙입니다.

이 생명의 원리는 모두의 원리입니다. 생존하고 이겨내고 모든 장애물을 극복하는 것은 태초부터 인류의 일상적인 모습이었습니다. 지금은 그 어느 때보다 수월합니다. 당신은 단지 동기를 제공하고 그것과 조화를 이루며 필요한 모든 것을 그로부터 얻기만 하면 됩니다.

만약 이 생명 원리가 가장 열등한 동물에게도 필요에 따라 껍질이나 독을 개발하게 할 만큼 강력하다면, 새에게 원을 그리며 날고, 급강하하고, 균형을 잡고 비행하는 법을 가르칠 수 있다면, 거미에게 잃어버린 다리를 대신할 새 다리를 자라게 할 수 있다면, 이 생명 원리와 함께 일할 수 있는 정신을 가진 이성적인 존재인 당신에게 얼마나 많은 도움을 줄 수 있을까요?

당신은 원하는 것을 추진할 에너지와 주도력을 갖고 있습니다! 그 증거는 이미 당신이 갖고 있습니다. 조정, 테니스, 수영, 승마 등 격렬한 운동을 시작해 보세요. 처음에는 근육이 약하고 쉽게 피곤해집니다. 그러나 며칠 동안 계속해 보세요. 생명의 원리는 즉시 그것들을 강화하고 새로운 요구에 맞춰 단련시킵니다. 수작업을 심하게 하면 어떻게 되나요? 피부가 약해지고 물집이 생기고 아픕니다. 그런데도 계속하면 어떻게 되나요? 피부가 벗겨지고 계속 피가 나나요? 그렇지 않죠! 오히려 필요에 맞게 피부를 더 두껍게 만들고 강화시켜 굳은살이 생기게 합니다.

일상생활에도 이 생명의 원리가 꾸준히 작동하고 있으며 그것을 알고 받아들여 함께 일하면 못 할 일이 없습니다. 오히려 극복해야 할 장애물이 있다는 사실 자체가 자신에게 유리합니다.

할 일이 없을 때 일이 너무 순조롭게 진행될 때 이 생명의 원리는 잠들어 있는 것처럼 보입니다. 이 원리는 필요로 할 때 긴급하게 요청할 때 가장 잘 작동합니다. 이것은 '운'과 다릅니다. 행운은 가장 덜 필요한 사람들에게 가장 자주 미소 짓는 변덕스러운 존재이기 때문입니다. 남은 돈을 카드 한 판에 걸고, 달리는 말의 속도에 모든 것이 달려 있다면 높은 확률로 '운'은 당신을 저버릴 것입니다.

그러나 생명의 원리는 정반대입니다. 상황이 순조롭게 진행되고 잘될 거라는 확신에 차 있을 때 이 원리는 잠들어 있습니다. 하지만 일이 잘못되기 시작하고 파멸과 치욕을 마주할 때, 바로 그때 당신이 기회를 주기만 하면 이 생명의 원리는 스스로 드러냅니다.

생명이 확장돼 왔다는 걸 부인할 수 없다면
The "Open, Sesame!" of Life

자신의 모든 행동 뒤에 무적의 삶의 원리가 있다는 지식의 힘은 그야말로 무적입니다. 지금까지 한 번도 실패한 적 없는 힘이 나와 함께 일하고 있다는 것을 알면 실패하지 않는다는 확신으로 나아갈 수 있기 때문입니다. 모든 장애물을 극복해 오면서 만들어진 나만의 특별한 독창성은 상황이 급박할 때 실패를 완전하게 막아줍니다. 그 힘은 엄청난 스트레스나 흥분의 순간에 무의식적으로 일어나 초인적인 행동을 하게 만드는 힘입니다.

그러나 결코 초자연적인 것은 아닙니다. 단지 의식적인 자아의 능력을 넘어선 것뿐입니다. 의식적인 자아를 내부에 잠자는 거인과 연결하고 매일 그 거인을 깨우는 법을 배워야 합니다. 그러면 그 초인적 행동들이 평범한, 일상적인 성취를 만들 것입니다. 오리건주 오클랜드의 케인(W. L. Cain)은 이렇게 썼습니다. '저는 그 힘이 존재한다는 것을 압니다.'

언젠가, 16세와 18세 소년 두 명이 자신들의 형제 위로 넘어진 커다란 통나무를 들어 올려 구해내는 것을 봤습니다. 다음날 그들 두 소년과 성인 남자 한명, 그리고 제가 함께 통나무를 들어 올리려고 안간힘을 써 봤지만 소용이 없었습니다. 움직일 수 없었습니다.

필요하지 않을 때 네 명도 할 수 없던 일을, 필요할 때 두 소년은 어떻게 할 수 있었을까요? 그들은 할 수 있는지 없는지 생각할 시간조차 쓰지 않았습니다. 그저 긴급한 상황만을 본 것입니다. 의심과 두려움을 느낄 새도 없이 모든 생각과 에너지를 오직 한 가지에 집중했습니다. 결국 우리 안의 '지니'가 그 부름에 응답해 두 사람의 힘이 아닌 열 사람의 힘을 발휘하게 해준 것입니다!

당신이 은행원이든 변호사든, 사업가든 사무원이든, 상관없습니다. 수백만 달러의 자산을 관리하든, 일용할 양식을 위해 싸우든 상관없습니다. 생명의 원리는 부자와 가난한 사람, 지위의 높고 낮음을 구분하지 않습니다. 그것은 이미 모두의 내면에 존재해 있기 때문입니다. 잠자고 있는 그 내면을 깨워 사용하느냐의 문제일 뿐입니다. 특별한 문제가 있든, 가난이나 고난, 질병이나 절망이 있든, 마음의 이 하인은 언제든 주인을 맹목적으로 도울 준비가 돼 있으며 단지 불러주기만을 바라고 있습니다.

그 독창성과 자원에는 한계가 없습니다. 그것은 말하거나 글을 쓰지 않아도 메시지를 전달하는 텔레파시입니다. 보이지 않는 위험을 경고하는 제6의 감각입니다. 아무리 어마어마하고 복잡한 문제라도, 아무리 단순한 문제라도 그 해결책은 마음속에 있습니다. 그리고 이 '내면의 거인'은 그것을 찾아냅니다.

모든 옳은 일을 알 수 있고 할 수 있습니다. 알아야 할 것과 해야 할 것이 무엇이든, 알 수 있고 할 수 있습니다. 마음속 지니에게 도움을 구하고 올바른 방법으로 함께 일했을 때 말입니다.

내면의 시대가 시작되다

The Genie of Your Mind

문이 얼마나 좁은지,

어떤 벌을 받을지는,

중요하지 않습니다.

나는 내 운명의 주인이고

내 영혼의 선장이라는 것이 중요합니다.

– 윌리엄 어니스트 헨리 –

석기시대에는 강한 팔, 빨리 뛸 수 있는 사람이 생존할 수 있었습니다. 철기 시대 때는 생명의 가치가 더 소중해졌지만 여전히 강자가 약자를 지배했습니다. 황금시대가 찾아왔고 부유한 사람은 권력을 누렸습니다. 가난한 사람들은 채찍을 견디며 노예처럼 살거나 빈곤과 굶주림이라는 고통의 현실을 살아야 했습니다.

이제 새로운 시대가 시작됐습니다. 정신의 시대에 접어들고 있는 것입니다. 모든 사람이 자신의 주인이 될 수 있으며 가난이 더 이상 문제가 되지 않고 가장 낮은 신분의 사람도 가장 높은 사람과 나란히 설 수 있는 '내면의 시대'가 시작되고 있는 것입니다. 내면의 능력을 모르는 사람은 이해할 수 없는 주장처럼 들리겠지만 모든 사람의 내면에는 에너지와 지혜, 능력의 보고가 들어 있습니다. 현재는 이것을 과학이 증명하고 있습니다.

내면 깊숙한 곳에 있는 이 능력을 발견할 수 있다면 새롭고 풍부한 힘을 얻을 수 있습니다. 투박한 뗏목에서 거대한 여객선에 이르기까지, 정신의 발전은 그저 한 단계 나아간 것에 불과합니다. 번개나 불, 물을 두려워하며 동굴 속에서 움츠리던 원시인과 자연의 모든 힘을 이용하는 엔지니어까지의 정신 발달은 아주 조금의 차이밖에 나지 않습니다.

사람이 가진 내면의 능력이 약했다면 빠르고 강한 어떤 생물에게도 쉽게 잡아먹혔을 것입니다. 바람과 날씨에 휘둘리며 순간만을 살아가는 겁 많은 생명체로 모든 것을 두려워하며 살았을 것입니다. 하지만 인간은 뛰어난 내면의 능력으로 불 피우는 법을 배워 따뜻하게 살아왔고 주변의 야생동물로부터 자신을 방어하는 무기를 만들었으며 악천후로부터 보호하려고 주거지를 만들었습니다.

인간은 내면의 힘으로 자연의 힘을 정복했습니다. 수백만 마리의 말과 수십억 명이 수작업으로 할 일을 대신하는 기계를 만들었습니다. 인간이 다음에 무엇을 할 수 있을지는 아무도 모릅니다. 이제 막 내면의 힘에 눈 뜨기 시작했기 때문입니다. 이제 마음 깊숙이 묻혀 있던 무한한 힘의 일부분을 깨닫기 시작한 것입니다.

우리는 숲이 손실되는 것을 애석해하고 석탄과 석유의 감소를 걱정하고 산업폐기물을 염려하지만 가장 큰 문제는 나 자신의 잠재능력이 낭비되는 것입니다. 세계적인 권위자인 하버드대 심리학자 윌리엄 제임스(William James) 교수는 '보통 사람들은 자기 잠재력 중 단 10%만 사용한다'고 추정했습니다. 인간은 무한한 힘을 갖고 있지만 고작 10분의 1만을 사용한다는 것입니다.

내면에 잠자고 있는 신과 같은 힘을 가지고도 동물과 크게 다를 바 없이 먹고 자고 일하는 일상에 만족하며 살아갑니다. 자연과 생명 전체가 깨어나서 분발하라고 부르고 있는데도 말이죠. 자신이 원하는 사람이 되고 원하는 것을 얻고 추구하는 것을 이뤄 내는 힘이 내면 안에 있습니다. 그 힘을 끌어내 일하게 하는 건 오직 자신에게 달려 있습니다.

물론 사용하는 방법을 알아야겠지만 먼저 자신에게 이런 힘이 있다는 걸 깨달아야 합니다. 따라서 우리의 첫 번째 목표는 이 힘에 대해 알아가는 것입니다.

세계적인 심리학자들과 형이상학자들은 내면의 이 힘이 가장 중요하다는 데 동의합니다. 그렇다면 분명 원하는 어떤 사람이든 될 수 있습니다. 불행할 필요도 없습니다. 가난할 필요도 없습니다. 실패할 필요도 없습니다. 인간은 단순한 흙덩이가 아닙니다. 음식과 집을 얻기 위해 끊임없는 노동으로 하루하루를 보내야 하는 존재가 아닙니다. 무한한 잠재력을 가진 지구의 지배자 중 한 사람이기 때문입니다.

당신 안에는 힘이 있습니다. 이 힘을 이해하고 방향을 잡으면 평범함의 틀에서 벗어날 수 있습니다. 그렇게 되면 세계의 주역 중 한 사람으로 사는 것입니다. 이 내면의 힘은 당신 것입니다. 그 자리에 언제나 있었습니다. 이제 내면의 사용법을 배울 것인가만 남아있을 뿐입니다.

사실 몸은 내면이 사용하는 기계에 불과합니다. 마음을 보통 의식이라고 생각하지만 사실 의식은 아주 작은 부분에 불과합니다. 정신활동의 90%는 잠재의식이기 때문에 실제 능력의 극히 일부만 사용하는 것입니다. 마치 최고 전력을 갖고 있지만 저단 기어만 사용해 달리는 자동차와 같은 것이죠.

인생에서 성공하지 못하는 이유는 평생 저단 기어인 표면 에너지로 달리기 때문입니다. 이제 자신 내면의 엄청난 잠재의식의 힘을 쓴다면 꿈꾸지 못할 만큼의 성공에 놀랄 것입니다. 내면을 이루는 세 가지 분류부터 알아보기로 합시다. 의식, 잠재의식, 그리고 초의식(무한하고 우주적인 마음)입니다.

생각하는 '내가'가 아니라 내면의 '내가' 하는 일

The Conscious Mind

'나는 본다-듣는다-냄새를 맡는다-먹는다-만진다'라고 말할 때 이것은 다섯 가지 신체 감각이 나타내는 의식의 힘입니다. 이것은 느끼고 추론하는 마음의 단계이며 모든 사람에게 친숙한 단계입니다. 근육을 움직이며 옳고 그름과 현명하고 어리석은 것을 구별하는 기본적인 힘입니다. 의식은 모든 정신적인 힘을 지휘하는 대장이며 미리 계획을 세우고 계획대로 일하거나, 충동적으로 휘둘리기도 하고 삶의 흐름 속에서 떠다니는 부유물과 같을 때도 있습니다.

당신이 지금까지 사용해 온 이 '의식'은 초의식으로 들어가는 통로 역할을 합니다. 투수와 포수가 서로 불화하는 팀에서 좋은 점수를 기대할 수 없듯 의식이 두려움이나 걱정으로 가득 차 있거나 자신이 무엇을 원하는지 모르는 경우는 잠재의식에서 좋은 결과를 기대할 수 없습니다.

의식이 담당하는 가장 중요한 임무는 원하는 것에 집중하고 두려움, 걱정, 질병에 관한 생각을 차단하는 것입니다. 일단 그렇게 할 수 있는 능력을 훈련하면 불가능한 것은 없습니다. 잠재의식은 판단하지 않기 때문입니다. 다만 생각을 받아들여 그대로 작업을 시작합니다. 건강과 힘에 관한 생각을 보내면 몸은 건강과 힘을 발휘할 것입니다. 질병에 대한 암시, 병이나 사고에 대한 두려움을 느끼거나 말로 하면 그것 역시 받아들일 뿐입니다.

그러니 부정적인 말을 나 자신과 주변 사람에게 계속하면 어떻게 되겠습니까? 그것들이 잠재의식에 스며들게 하면 어떻게 될까요? 결국 그렇게 되는 것을 보게 될 것입니다.

내면은 몸의 주인입니다. 내면은 몸의 모든 기능을 지시하고 통제합니다. 몸은 그 자체로 작은 우주와 같으며 내면은 그 중심인 태양입니다. 내면은 이 태양의 주인입니다. 자기 암시요법의 창시자인 에밀 쿠에의 말을 빌리면 '잠재의식은 모든 장애물을 넘을 수 있도록' 도울 수 있습니다.

내면과, 90%의 잠재의식은 연결돼 있다
The Subconscious Mind

일상생활을 하면서 몸속 혈액이 적절한 비중을 유지하기 위해 물과 소금, 각기 다른 요소를 어느 정도 수준으로 조절하고 있는지 말할 수 있나요? 테니스를 치거나 달리거나 나무를 자르거나 격렬한 운동을 할 때 이 비율을 얼마나 빨리 그리고 얼마나 많이 바꾸고 있는지 알고 있나요?

젓갈류의 과도한 염분을 빼기 위해 얼마의 물을 마셔야 하는지, 땀으로 얼마나 많은 양이 빠져나가는지 알고 있습니까? 완벽한 건강을 유지하려면 매일 얼마의 영양소가 혈액에 흡수돼야 하는지 알고 있나요?

모른다고요? 걱정할 필요 없습니다. 다른 사람들도 마찬가지니까요. 위대한 물리학자, 화학자, 수학자들조차 모릅니다. 하지만 잠재의식은 알고 있습니다. 그리고 잠재의식은 그것을 계산하거나 알아내기 위해 멈출 필요도 없습니다. 광속 계산기의 속도로 자동 계산하니까요. 그리고 이 정도는 매일, 매시간 수행하는 수천 가지 작업 중 하나에 불과합니다. 이 땅의 가장 위대한 수학자, 가장 유명한 화학자들도 해결할 수 없는 난해한 문제들을 내면의 잠재의식은 매분마다 해결합니다.

수학이나 화학, 다른 과학을 공부한 적 있는가는 중요하지 않습니다. 태어난 순간부터 잠재의식은 나를 위해 이런 문제를 해결합니다. 의식이 학문인 읽기, 쓰기, 산수와 씨름하는 동안, 그것을 가르치는 스승조차 생각하지 못하는 문제를 잠재의식은 해결하고 있습니다. 잠재의식은 소화, 흡수, 배설의 모든 복잡한 과정을 감독합니다. 모든 화학자와 실험실의 지식을 넘어설 정도로 복잡한 모든 분비샘의 분비물이 처리되는 과정까지 말입니다.

잠재의식은 유아기부터 우리 신체를 그렇게 설계하고 만들었습니다. 그것은 몸을 수리하고 운영합니다. 사실 잠재의식은 당신을 완벽한 건강 상태로 만들고 유지하는 것뿐 아니라 더 위대한 것까지 할 수 있습니다. 내 의식이 신체를 관리하지 않아도 저절로 모든 기능이 작동되도록 하는 이 놀라운 힘은 의식을 통해 삶에 외적인 것까지 모두 이룰 수 있도록 돕는 무한한 힘을 갖고 있습니다. 사람이 살며 많은 것들에 실패하고 패배를 맛보는 것은 이 잠재의식과 하나로 연결되지 않은 채 의식으로만 모든 것들을 시도하기 때문입니다. 따라서 모든 실패의 유일한 이유는 이 힘에 대한 무지라고 말할 수 있는 것입니다.

신체의 메커니즘을 이 존재 의식에게 맡기는 것 같은 방식으로 내 사업과 개인적인 일을 이 힘에 지능적으로 맡긴다면 이루지 못할 일은 없습니다. 노벨 화학상 수상자인 조지 캘빈 피처(George Calvin Pitzer)박사는 이 잠재의식의 힘을 이렇게 요약했습니다.

"잠재의식은 명백한 실체입니다. 그것은 인간의 몸 전체를 차지하고 있으며 어떤 식으로든 신체의 기능, 상태, 감각을 절대적으로 제어합니다. 의식은 견해와 기호, 성격에 따라 모든 상황을 감정과 이성으로 판단하고 결정하는 반면, 잠재의식은 침묵하고 지시받은 것을 조용히 실행합니다. 속으로 생각하고 느낀 것, 바람이나 저주, 열망과 걱정, 두려움과 환희, 그것이 어떤 것에 관해서든 잠재의식은 내 주인이 생각하고 느낀 바로 그것을 계속해서 끌어당기며 지속적으로 가져옵니다."

뇌가 진화하기 전, 동물이 가진 유일한 무기가 바로 이 잠재의식이었습니다. 이때 잠재의식은 이성적으로 선택한 지시를 거의 받지 못했지만 (사실 지금도 그렇습니다) 감각적 능력은 여전히 매우 완벽했습니다. 잠재의식은 눈을 사용해서 보지 않고 직관력으로 인식합니다. 일상생활에서도 꼭 말이 아니어도 다른 사람과 소통하는 능력이 있고 상대의 생각을 읽을 수도 있지요. 이것을 '내가'(의식)한다고 오해하는 것뿐입니다.

잠재의식은 절대로 죽지 않습니다. 우리는 이것을 '영혼의 마음'이라고 부릅니다. 그것이야말로 진짜 살아있는 영혼입니다. 미국의 심리학자 데이비드 부시(David Bush)는 이렇게 표현합니다.

잠재의식은 우리가 잠든 동안 신체의 모든 작업을 수행합니다.
잠재의식은 의식이 전혀 생각하지 못하는 것들을 드러냅니다.
잠재의식은 물리적 수단 없이 다른 인격체의 마음과 소통할 수 있습니다.
잠재의식은 시각으로 볼 수 없는 것들을 엿봅니다.
잠재의식은 언제나 평화와 고요 속에서 머물고 있습니다.
잠재의식은 다가오는 위험을 경고합니다.
잠재의식은 의식이 갈구하는 모든 것을 최선으로 실행합니다.
잠재의식은 몸을 치유하고 조금이라도 격려할 때
실제로 몸을 건강하게 유지합니다.

한마디로 잠재의식은 삶에서 가장 강력한 힘이며 가장 유익한 힘입니다. 하지만 파괴력도 만만치 않습니다. 잠재의식의 힘은 당신의 하인이 될 수도 있고 주인이 될 수도 있으며 인생에 좌절이나 번영을 가져올 수 있습니다.

미국의 저명한 역사학자이자 작가인 윌리엄 토마스 월시(Wiliam T. Walsh)는 자신의 잠재의식에 대해 이렇게 썼습니다. '잠재의식은 주관적인 마음이라고 불립니다. 왜냐하면 결정하고 명령하지 않기 때문입니다. 잠재의식은 지배자보다는 피지배자입니다. 그 본질은 지시받은 것을 하거나, 주인의 진심이 바라는 것을 수행하는 것입니다.'

이 페이지를 읽는 동안 숨을 쉬고 있다는 것을 당신은 전혀 의식하지 못했겠지만 바로 그 호흡이 잠재의식이 자신의 내면에 있다는 걸 알리고 있는 것입니다. 눈 먼 톰(Blind Tom)이라고 불린 사람의 일화는 이제 널리 알려졌습니다. 그는 멜로디를 듣는 즉시 피아노 연주를 할 수 있었습니다. 그러나 이전까지 그는 제대로 된 교육도 받지 못했던 사람입니다. 사람들은 그를 천재라고 말했지만 사실 누구보다 평범한 사람이라고 볼 수 있습니다. 그저 누구에게나 이미 존재하는 잠재의식의 빛이 더 강하게 나온 것뿐이니까요.

어떤 7~8세 남자 아이는 $7,649.437 \div 326.2568$을 순식간에 계산해 낼 수 있는 능력을 보였습니다. 누구나 신기한 일이라고 하지만 실은 당신도 똑같은 능력을 발휘할 수 있습니다. '당신'이라고 믿고 있는 그 의식은 분명히 할 수 없는 일이겠지만 적어도 당신이 전혀 의식해 본 적 없는 잠재의식은 할 수 있습니다. 미국의 작가 톰슨 제이 허드슨(Thomson Jay Hudson)의 책『심령 현상의 법칙 The Law of Psychic Phenomen』에서는 이런 수많은 사례를 소개하고 있습니다. 그중 흥미로운 사례 하나를 살펴보죠.

수학 영재 중에는 계산 속도와 정확성에 탁월한 수준의 아이들이 있었습니다. 그 아이들은 가장 뛰어난 교육을 받은 수학자들의 계산을 능가하는 재능이 있었습니다. 이 영재들은 3세에서 10세 사이일 때 가장 뛰어난 성과를 보였으며 이 소년 중 누구도 자신이 어떻게 계산을 해냈는지 알지 못했습니다. 아이 중 일부는 수학 문제를 계산하는 동안 다른 주제에 관해 대화를 나누기까지 했습니다.

이 소년들 가운데 두 명은 이후 유명한 사람이 되었습니다. 그러나 대다수 아이는 일반인과 다름없는 평범한 수준의 삶을 살고 있습니다. 그중 가장 뛰어난 재능을 보였던 와틀리(Whateley)는 이후 자신에 대해 이렇게 말했습니다.

"제 계산 능력에는 분명 특별한 점이 있었습니다. 그것은 5세~6세 사이에 처음 나타나기 시작해서 3년 정도 지속됐습니다. 저는 숫자 외에 계산법은 전혀 몰랐기 때문에 가장 어려운 계산도 언제나 그냥 머리로 했습니다. 누군가 문제를 종이에 적는 시간보다 훨씬 빠르게 계산을 해냈습니다. 그리고 실수를 저지른 적도 없었습니다. 학교에 들어갔을 때쯤 열정이 식었고 그 뒤에는 계산에 완전히 바보가 되었으며 지금까지 계속 그런 상태입니다."

또 다른 사례에 등장하는 소년은 열 살 때 36자리 숫자로 구성된 곱셈 문제를 정확하게 풀어내며 그야말로 인간 뇌의 한계를 보여줬습니다. 그러나 소년은 얼마쯤 뒤부터 능력을 발휘하지 못했습니다. 현재 그는 천문학을 전공하는 학생이 되었습니다.

벤자민 홀 블리스 (Benjamin Hal Blyth)는 여섯 살 때 아버지에게 자신이 몇 시에 태어났는지 물었고 오후 4시에 태어났다는 대답을 들었습니다. 소년은 시계를 한 번 보더니 자신이 살아온 시간이 몇 초인지를 말했습니다. 깜짝 놀란 그의 아버지는 곧장 계산을 해봤습니다. 그러나 약간 다른 결괏값이 나왔죠. 아버지는 "네 계산에서 172,000초가 틀렸어"라고 했습니다. 그러자 소년은 "아빠, 1820년과 1824년 윤년에 이틀을 빼먹으셨어요"라고 대답했습니다. 확인 결과 소년의 말이 맞았습니다.

영국의 의사이자 저술가인 앨프리드 테일러 스코필드(Alfred Taylor Schofield)가 쓴 제라 콜번(Zerah Colburn)의 사례도 있습니다. 제라 콜번은 106,929의 제곱근을 327로, 268,336,125의 세제곱근을

645로 순식간에 구할 수 있었습니다. 48년이 몇 분인지 묻는 말이 써지기도 전에 그는 25,228,810이라고 대답했습니다. 247,483의 인수를 즉시 941과 263이라고 대답했는데 이것은 유일한 두 인수입니다. 36,083의 인수를 물어보자 없다고 답했는데 이 수는 소수였습니다.

하지만 답이 어떻게 머릿속에 떠올랐는지는 말하지 못했습니다. 그 소년은 종이에 쓴 간단한 곱셈이나 나눗셈도 하지 못했거든요.

미국의 유명 작가 프랭크 크레인(Frank Crane)이 최근 리버티(Liberty)에 기고한 기사에서 이렇게 설명합니다. "세상에서 가장 똑똑한 사람은 바로 내면의 사람이다. 여기서 말하는 내면의 사람이란 내면에 있는 또 다른 인격으로 자연 또는 잠재의식이라고 부르거나 종교적인 성향이 있다면 신이라고 부를 수도 있다. 그것은 세상에서 가장 똑똑한 존재다. 그것은 내 의식보다, 그 어떤 사람보다 훨씬 더 영리하고 수완이 뛰어나다."

칼 융 박사는 잠재의식이 한 사람이 사는 동안 수집된 모든 지식뿐 아니라 인류로부터 유전 받은 모든 지식까지 포함돼 있다고 주장했습니다. 잠재의식은 신과 나 자신, 초의식(생각으로 아는 내가 아닌 내면의 존재 의식) 사이의 연결 고리입니다. 이 세상 만물의 지성과 하나로 결합된 잠재의식의 힘을 활용하면 건강과 행복, 부와 성공에 이르기까지 삶의 모든 좋은 것을 소유할 수 있습니다.

문학, 예술, 상업, 정부, 정치, 발명의 천재들은 우리와 같은 평범한 사람들이지만 어떤 방식으로든, 어떻게든, 잠재의식을 활용하는 법을 사용하게 된 사람들입니다. 영국의 위대한 물리학자 아이작 뉴턴(Isaac Newton) 역시 의식적인 노력 없이 수학과 물리학에 놀라운 지식을 습득한 것으로 알려져 있습니다. 모차르트(Mozart)는 자신의 교향곡에 대해 '그것이 그냥왔다'고 했습니다. 위대한 철학자 데카르트(Descartes)는 평범한 정규 교육도 받지 못했습니다.

잠재의식은 거대한 자석과 같아서 무한한 지식, 무한한 힘, 무한한 부를 끌어낼 수 있는 힘을 갖고 있습니다. 심리학자이자 작가인 워렌 힐튼(Warren Hilton)은 『응용심리학Applied Psychology』에서 "잠재의식은 한편으로 신체의 중요한 기능을 조절하고 다른 한편으로는 지금 의식적으로 생각하지 못하는 모든 아이디어와 기억을 품고 있는 역할을 한다."라고 말했습니다. 따라서 이제 당신 내면에 존재하는 잠재의식으로부터 얻게 될 무한한 가능성에 대해 알아야 합니다. 그러나 안타깝게도 잠재의식의 이 방대한 지식과 힘을 마음대로 끌어다 쓸 수 있다는 걸 인식하는 사람은 아직 많지 않습니다. 때로 강한 집중이나 매우 강한 욕구를 뿜어낼 때 우연히 이 힘의 영역에 도달하기도 하는데 그럴 경우 강렬하게 품은 그 생각은 항상 실현됩니다.

문제는 부정적인 생각, 두려움도 잠재의식에 침투한다는 것입니다. 이것 역시 긍정적인 생각만큼이나 확실하게 실현됩니다. 따라서 실현되기를 바라는 견해와 생각만을 잠재의식에 전달하는 법을 배워야 할 것입니다.

매번 자기 건강을 자랑하던 남자에게 친구들이 장난을 치기로 결심합니다. 어느 날 아침 한 친구가 먼저, 그의 컨디션이 매우 나빠 보인다고 안부를 건네면서 기분이 어떤가를 물었습니다. 뒤이어 친구들도 한 명씩 비슷한 말을 했습니다. 정오가 되자 남자는 친구들의 말을 믿게 되었습니다. 그리고 저녁이 될 즈음 남자는 정말로 앓아누웠습니다.

이것과 비슷한 일들이 우리에게도 매일 일어나고 있습니다. 지금 먹은 음식이 몸에 좋지 않다고 누군가 하는 말을 듣고 '그럴 수도 있겠다'라고 동조하면 얼마 지나지 않아 통증을 느낍니다. 소화가 잘되지 않는 성분에 대해 잘 몰랐을 때는 평생 먹어도 아무 불편함을 느끼지 않을 수 있지만 알고 나면 먹을 때마다 소화불량에 시달리게 됩니다.

어떤 새로운 질병이 발견됐고 일간지에 세세하게 묘사된 다음 한꺼번에 수만 명이 읽게 되면 그 질병이 확산될 확률이 매우 높아집니다. 의학 백과사전을 읽고 나서 자신이 모든 병에 걸렸다고 결론 내린 사람처럼 말입니다. 특히 의약품 광고주들은 이런 암시의 힘을 잘 알고 있고 이 방법으로 막대한 수익을 만들어 내고 있습니다. 바로 이런 것들이 잠재의식의 부정적인 면입니다.

자기암시의 세계적 권위자인 에밀 코에(Emile Coue)는 잠재의식의 긍정적인 측면을 다룹니다. 앓고 있는 병이 나아지고 있다고 암시하는 것 같은 긍정 심리학입니다. 잘 활용하면 효과를 볼 수 있습니다. 그러나 더 좋은 방법이 있고 우리는 그 방법을 알기 위해 여정을 함께 하고 있습니다. 이 책이 끝나기 전에 모두 보여드릴 수 있기를 바랍니다. 지금은 잠재의식이 매우 지혜롭고 강력하다고 말하는 것으로 충분합니다.

잠재의식을 제대로 활용하면 그 판단은 틀림없고 그 힘은 끊임없이 계속됩니다. 절대 잠들지 않고 지치지 않습니다. 의식은 잠들고 마취제나 갑작스러운 충격에 무력해질 수 있지만 잠재의식은 그럴 때도 계속 작동하며 심장과 폐, 동맥과 분비샘이 항상 제 역할을 하도록 유지합니다. 평상시에는 '나'라고 생각하는 의식이 모든 삶을 지휘하지만 이 의식이 대처할 수 없는 상황에 직면했을 때는 어떻습니까? 그런 위급하고 어려운 상황에 잠재의식에게 도움을 요청할 수 있다면 그 강력한 '램프의 요정 지니'는 즉시 필요에 응할 것입니다.

잠재의식의 힘은 무한합니다. 그것이 정당한 것이고 얻고자 하는 게 있다면 잠재의식은 당신이 그 일을 해낼 능력을 줄 수 있습니다.

나의 내면은
생명을 만든 창조의 에너지와 하나다

The Universal Mind

땅속 감자 덩굴을 본 적 있나요? 이 감자는 얼마나 높은 지능을 갖고 있을까요? 감자가 화학이나 지질학에 대해 알고 있을까요? 대기 중의 탄소 가스, 물, 흙에서 필요한 모든 영양소를 모아 당분과 전분으로 만드는 방법을 알까요? 어떤 화학자도 그것을 완벽하게 이해하기 힘듭니다.

그렇다면 감자는 어떻게 알까요? 당연히 모릅니다. 감자는 감각이 없으니까요. 그런데도 감자는 모든 일을 합니다. 감자는 전분을 세포로, 세포를 뿌리와 덩굴, 잎으로, 그리고 더 많은 감자로 번식해 갑니다. 위대한 자연의 힘이라고 말할 수도 있지만 이것을 인공적으로 만들어 낼 수 없다면, 분명 대자연에는 놀라운 지성이 있는 것이 틀림없지 않습니까? 이 행성에 처음 생명을 불어넣은 지성, 모든 형태의 동식물을 진화시킨 지능, 이 모든 걸 아우르는 전지전능한 지능이 존재해야 하지 않을까요? 감자는 이 지능의 한 가지 작은 표현일 뿐입니다. 식물, 동물, 사람 같은 다양한 생명체들은 모두 큰 그림의 작은 부분일 뿐입니다.

그러나 인간은 감자에는 없는 다른 한 가지 차이점이 있습니다. 감자는 그저 그 힘이 표현된 식물이지만 사람은 강력한 지성 즉, 우주의 마음을 이루는 힘의 구성체입니다. 인간은 이 창조적 지혜와 힘을 내면의 잠재의식으로 공유하고 있습니다. 이 창조의 지성과 하나인 내면의 의식이 조화롭게 함께 일하게 만든다면 무엇이든 할 수 있고 무엇이든 가질 수 있으며 무엇이든 될 수 있습니다.

당신 내면에는 이성과 상상력을 뛰어넘는 일을 할 수 있는 절대적인 힘이 있습니다. 생각이 멈춘 바로 그 자리, 마음이 모든 것을 지배하고 좌우하지 않고 비켜 나 있는 바로 그곳, 더 이상 생각하는 '의식'이 판단하지 않는 내면에 그 힘이 있습니다. 당신 내면 안에는 의식으로 분별하지 않는 고요한 실체가 존재합니다. 이것이 우주적 마음이며, 초의식 또는 고차원의 자아, 내면 의식입니다.

잠재의식은 자연을 움직이게 하는 지성의 지혜와 나의 내면을 연결하는 통로입니다. 잠재의식은 언제라도 초의식과 연결돼 소통할 수 있습니다. 그것은 개발되거나 만들어지는 게 아니라 생명이 탄생한 그 순간 이미 당신 안에 깃든 채 태어났습니다. 그것이 이미 내 안에 있다는 사실을 알게 되는 계기로서 깨우는 일이 시작될 뿐입니다.

이것을 기억하세요. 생명을 탄생시키고 자연이 순리대로 움직이게 하는 우주적 마음은 전능합니다. 내 안의 잠재의식은 이 우주적 마음의 일부입니다. 따라서 할 수 있는 일에 제한이 없습니다. 원하는 것이 무엇이든 우주적 마음과 조화를 이루는 것이라면 그것을 내면에 품어 잠재의식에 전달되도록 만들기만 하면 보이지 않는 영역에서 우주적 마음과 하나로 연결돼 모두 이룰 수 있습니다.

이 원리를 이해하면 기도의 힘을 이해할 수 있습니다. 기도의 결과는 어떤 특별한 천상의 섭리로 이뤄지는 것이 아닙니다. 신은 당신이 속이거나 아첨함으로써 원하는 것을 이뤄주는 존재가 아닙니다. 하지만 간절히 기도할 때, 자신이 원하는 것의 정신적 이미지가 형성되고 생각 속에 강하게 인식됩니다. 그러면 내면의 지성이자 전능한 마음인 우주적 지성이 잠재의식과 함께 나를 위해 일하기 시작하고 원하는 것이 발현됩니다.

우리 주위에는 이 우주의 생명력이 충만해 있습니다. 숨 쉬는 공기를 포함해 어디에나 있습니다. 바다는 물속에 물고기를 아무런 어려움 없이 담고 있습니다. 그것과 마찬가지입니다. 잠재의식은 당신을 완전하게 의식하고 있습니다. 믿기 어렵다면 바닷속 물고기를 다시 생각해 보세요. 바다가 물고기를 포용하는 것이 어려울까요? 전혀 그렇지 않겠지요? 우주적 마음이 당신을 포용하는 것은 그보다 더 자연스럽습니다.

우리 중, 이 위대한 내면의 힘을 충분히 활용하는 사람은 많지 않습니다. 우주적 마음의 힘을 아는 사람은 더 적습니다. 이제 당신에게 부족한 것이 있다면, 가난이나 질병에 시달리고 있다면, 그것은 당신에게 주어진 힘을 믿지 않거나 이해하지 못하기 때문입니다. 우주적 마음은 모든 사람에게, 모든 것이, 동일하게 제공되며 특별대우는 없습니다. 오직, 생각과 마음이 지배하는 의식이라는 온갖 고통에서 벗어나 내면의 고요한 존재 의식으로 머물 수 있다면 모든 다른 것들도 당신에게 더해질 것입니다.

당신 안에 있는, 사용되지 않은 힘을 깨닫게 하고 그 힘을 활용하는 간단하고 직접적인 방법을 알려주는 것이 이 책이 써진 목적의 시작과 끝입니다.

미래는 자신의 꿈의 아름다움을

믿는 사람들에게 달려 있다.

항상 불가능해 보이지만,

이뤄지기 전까지 그렇다.

— 엘리너 루즈벨트(Eleanor Roosevelt) —

2장

그것은

어떻게
만들어
졌습니까?

이 도시는 집, 궁전, 증기기관, 대성당과
수많은 교통량과 소란으로 가득 차 있는데
바로 생각으로 이루어진 것 아니겠는가?

한 생각에서 수백만 개까지 하나로 합쳐진
헤아릴 수 없는 거대한 생각의 영이다.
그로 인해 벽돌, 철, 연기, 먼지, 궁전,
의회, 마차, 부두로 구현되었다.

누군가 벽돌을 만들려는 생각 없이
만들어진 벽돌은 단 한 장도 없다.

- 토마스 칼라일 -

처음의 원인

The Primal Cause

삶이란 무엇일까요? 페르시아 시인이 표현한 것처럼 무엇이 묻지도 않고 서둘러 여기로 왔으며 묻지도 않고 서둘러 어디로 갈까요? 모든 사람은 의식적이든 무의식적이든 물질주의자거나 이상주의자라는 말이 있습니다. 분명 오랜 세월에 걸쳐 여러 철학 학파가 토론하고 논쟁을 벌여왔지만 언제나 인간은 이 두 가지 중 하나를 통해 '사색의 언덕에서 의심의 바다에 빠졌다'고 합니다.

물질주의자는 물질과 그 힘 외에는 아무것도 존재하지 않는다고 선언합니다. 이상주의자는 모든 것이 정신이거나 에너지라고 주장합니다. 사람들은 아무 의미도 얻지 못하는 이 끊임없는 이론의 불만에 질려버렸습니다.

아르키메데스(Archimedes)는 "나에게 지지대만 주어진다면, 그

지지대로 세상을 움직일 수 있다"고 말했습니다. 여기서 그가 말한 지지대는 '마음에서 시작된다'는 의미입니다. 태초에는 아무것도 없었고 화염과 안개뿐이었습니다. 무언가를 만들려면 먼저 아이디어가 있어야 했고 그 위에 모델이 있어야 했습니다. 모든 것은 아이디어에서 시작되어야 합니다. 모든 사건, 모든 상태, 모든 사물은 먼저 누군가의 마음속에 있는 아이디어로부터 탄생합니다.

집을 짓기 전에도 먼저 계획을 세웁니다. 그 계획대로 정확한 청사진을 만들고 청사진에 따라 집이 형태가 만들어집니다. 모든 물체도 동일한 방식으로 형태를 갖춥니다. 마음이 계획을 그리는 것입니다. 생각이 청사진을 형성하고, 생각이 명확하거나 모호함에 따라 청사진이 잘 그려지기도 하고 잘못 그려지기도 합니다. 그것은 하나의 원리로 돌아갑니다. 우주 창조의 원리는 마음이며 생각은 영원한 에너지입니다.

다만, 전기의 쓰임이 전기가 연결된 메커니즘에 따라 달라지는 것처럼 마음에서 얻는 효과도 사용하는 방법에 따라 달라집니다. 우리는 모두 발전기입니다. 우리 안에는 무한한 힘이 있습니다. 하지만 이 무한한 힘도 어떤 임무를 부여 받아야 하며 '할 일'을 줘야합니다. 그렇지 않으면 동물들과 다를 바가 없습니다.

'세계 7대 불가사의'는 지금의 기술을 거의 갖지 못한 사람들에 의해 지어졌습니다. 그들은 이 거대한 프로젝트를 머릿속으로 먼저 구상하고 생생하게 상상했기 때문에 잠재의식이 도와 만들 수 있었습니다. 그렇게 현대의 사람 대부분이 불가능하다고 여기는 장애물을 극복할 수 있었습니다.

맨손으로 거대한 돌 위에 거대한 돌을 쌓아 올리며 이집트 피라미드를 건설한다고 상상해 보세요. 로도스섬의 거상을 세우기 위해 들인 노동과 땀, 죽을 것 같은 그 노력을 상상해 보세요. 그 거상의 다리 사이로 배가 지나갈 수 있을 정도였습니다! 그럼에도 이들은 기계라는 게 뭔지도 모르던 시절에 무한한 정신의 힘을 사용해 이 경이로움을 세웠습니다.

이렇듯 마음은 창의적이지만 작업할 수 있는 상상의 모델이 있어야 합니다. 동력을 공급할 수 있는 생각이 있어야 합니다. 우주적 마음 안에는 세계 7대 불가사의보다 훨씬 더 위대한 수백만 가지의 불가사의에 대한 아이디어가 있습니다. 그리고 이러한 아이디어는 로마의 성 베드로 성당을 지을 때 미켈란젤로(Michael Angelo)가 그랬던 것처럼, 울워스(Woolworth) 빌딩을 고안한 건축가나 헬게이트(Hell Gate) 다리를 설계한 엔지니어가 했던 것처럼 당신 역시 사용할 수 있습니다.

모든 조건과 삶의 경험은 우리의 정신적 태도의 결과입니다. 우리는 할 수 있다고 생각하는 것만 할 수 있습니다. 우리가 될 수 있다고 생각하는 것만 될 수 있습니다. 우리가 가질 수 있다고 생각하는 것만 가질 수 있습니다. 우리가 되어가고 있는 존재, 하는 일, 가진 것은 모두 생각하는 것에 달려 있습니다. 마음속에 먼저 갖고 있지 않은 것은 결코 표현할 수 없습니다. 모든 권력, 성공, 부의 비밀은 먼저 강력한 생각, 성공적인 생각, 풍요와 공급에 관한 생각을 하는 데 있습니다. 우리 자신의 마음속에 그것들을 먼저 구축해야 합니다.

미국의 유명한 심리학자 윌리엄 제임스(William James)는 지난 100년간 가장 위대한 발견은 잠재의식의 힘을 발견한 것이라고 했습니다. 그것은 모든 시대의 가장 위대한 발견입니다. 인간이 내면에 자신의 환경을 통제할 힘을 갖고 있으며 우연이나 운에 의해 좌우되는 것이 아니라 운명을 개척할 수 있는, 자기 운명의 중재자라는 발견입니다. 인간은 이렇듯 자신을 둘러싼 모든 힘의 주인입니다.

이 시대 진정한 영성 철학자 제임스 앨런(James Allen)은 이렇게 말합니다. "높은 꿈을 꾸면 그 꿈대로 이뤄진다. 당신의 비전은 언젠가 당신이 될 것에 대한 약속이며, 당신의 이상은 마침내 드러낼 것에 대한 예언이다."

실제로 물질은 궁극적으로 생각의 산물입니다. 가장 물질적인 과학자조차도 물질이 보이는 것이 아니라고 인정합니다. 물리학에 따르면 물질(인체든 나무 한 토막이든, 다른 그 어떤 것이든)은 구별되는 미세 입자들, 원자들의 집합체로 구성돼 있습니다. 개별적으로 판단할 때, 이런 원자는 매우 작아서 고성능 현미경의 도움이 있어야만 볼 수 있습니다.

현미경으로 바라보면 모든 것은 실체가 없다.

Matter- Dream or Reality?

최근까지 원자는 물질의 궁극적인 이론으로 여겨졌습니다. 우리 자신과 주변의 물질세계는 실제로는 무한히 작은 물질 입자들로 구성돼 있어서 눈에 보이지도, 무게가 측정되지도, 만질 수도 없다는 것입니다. 연구가 계속되면서 원자는 전혀 파괴할 수 없는 것이 아니라 단지 양성자와 전자라고 불리는 양극과 음극의 힘 또는 에너지에 불과하다는 것이 밝혀졌습니다. 이들은 단단하지 않고 밀도가 없으며 고체가 아니고 심지어는 명확한 실체조차 없습니다. 원자들은 소용돌이, 즉 회전하는 에너지의 조각들이라는 것입니다. 그것들은 생명으로 살아있는 역동적인 존재인 것입니다!

당신 앞에 있는 단단한 테이블이 그것으로 만들어진 것이고 집과 몸, 온 세상이 바로 그것, 소용돌이치는 에너지로 만들어진 것입니다. 현대 과학은 우리가 물질이라고 부르는 것이 전적으로 마음의 지배를 받는 힘이라는 사실에 더 가까워지고 있습니다. 바다와 산, 바위와 철, 모든 것은 거의 순수하게 영적인 지점까지 축소될 수 있습니다. 당신의 몸은 85%가 물이고, 15퍼센트가 재와 인으로 구성되어 있습니다. 그리고 이것들은 결국 가스와 증기로 변할 수 있습니다. 그럼 우리는 어디로 가게 될까요?

당신에게는 아름다운 그림처럼 보이는 자연도 누군가에게는 단지 바위와 나무가 모여있는 것으로 보일 수 있습니다. 한 소녀가 당신을 만나러 올 때 당신에게는 그녀가 사랑의 화신이지만 다른 사람에게는 그 모든 우아함과 아름다움이 평범하게 보일 수 있습니다. 향기로운 냄새와 이슬에 젖은 잔디가 있는 달빛 가득한 정원은 당신에게 너무나 매력적이라도 누군가에게는 천식이나 지루함을 떠올리게 할 수 있는 것입니다. 당신에게는 초록색이 누군가에게는 빨간색으로 보일 수 있습니다.

이렇듯 외부 세계의 대상은 그것을 어떻게 바라보는가에 따라 전혀 달라지는 것입니다.

다시 말해서 대상을 어떻게 바라볼 것인가는 전적으로 자신에게 달려있기 때문에 잠재의식의 힘을 사용하기 전에 반드시 배워야 할 점입니다. 세 명의 장님과 코끼리의 오래된 우화를 떠올려 보세요. 다리를 잡은 사람에게 코끼리는 나무 같았습니다. 옆구리를 만진 장님에게 코끼리는 나무 같았고, 꼬리를 잡은 장님에게 코끼리는 밧줄 같았습니다. 세상은 이렇게 자신이 인식하는 세계인 것입니다.

당신은 라디오 수신기와 같습니다. 매 순간 수천 개의 수신으로부터 당신만의 인식이 발생됩니다. 기쁨이든 슬픔이든, 성공이든 실패든, 낙관적이든 두려움이든, 원하는 것으로 인식시킬 수 있습니다. 자신에게 가장 도움이 되는 인식으로 만들 수 있고 듣고 싶은 것만 들을 수도 있으며, 마음에 들지 않는 생각과 소리, 경험은 차단할 수도 있습니다. 낙담과 실패, 절망에 귀를 기울일 수도 있습니다. 선택은 당신의 몫입니다.

당신 안에는 온 세상을 무력화시킬 힘이 있습니다. 그 힘을 사용함으로써 삶과 주변 환경을 원하는 대로 만들 수 있습니다. 그렇다면 좋은 것들만 선택해서 내면에 담고 그렇게 담긴 좋은 것이 잠재의식에 계속 쌓이게 해야 하지 않겠습니까?

현실처럼 생생한 꿈을 꾼 적이 있을 것입니다. 만져 보고 자신을 꼬집어도 보면서 꿈속에서 꿈이 아닌가 확인하는 꿈도 꿔 봤을지 모릅니다. 이런 꿈처럼 우리도 나 자신이 몽상처럼 만들어 놓은 이미지로 둘러싸인 삶을 살고 있는 건 아닐까요? 많은 과학자는 그렇다고 믿고 있습니다.

당신이 두려워하거나 싫어하는 것들, 악한 것들보다는 원하는 것을 보고 느끼려고 노력하면 그것들을 찾게 될 거라고 믿습니다. 분명한 것은, 당신은 자신의 몸에 대해서도 이렇게 할 수 있다는 것입니다. 그리고 많은 사람이 자신이 원하는 것을 이 방식으로 계속 만들어 가고 있다는 것입니다. 그들은 물질에게 지배당하는 삶의 개념을 넘어섰습니다.

자연에서 가장 강력한 힘이 열, 빛, 공기, 전기같이 눈에 보이지 않는 것들인 것처럼, 인간의 가장 강력한 힘도 보이지 않는 힘에 있습니다. 전기가 돌과 철을 융합할 수 있는 것처럼, 당신 생각의 힘은 내면의 잠재의식과 연결해 통제할 수 있으며 운명까지 좋게 좋게 만들거나 망칠 수 있습니다.

철학자의 매력

The Philosopher's Charm

예전에 한 영리한 연금술사가 왕에게, 모래로 금을 만드는 방법을 발견했다고 말했습니다. 왕은 당연히 관심을 보였고 비밀을 알려준 대가로 큰 상을 주겠다고 했습니다. 연금술사는 곧 그 방식을 왕에게 설명했습니다. 왕이 들어 보니 한 가지를 제외하고는 모든 게 아주 쉬워 보였습니다. 그 한 가지는 모래를 금으로 만드는 작업을 하는 동안 '아브라카다브라'라는 단어를 한 번도 생각하면 안된다는 것이었습니다. 연금술사는 '아브라카다브라'라는 단어를 한 번만 생각해도 모래는 금으로 변할 수 없다고 설명했습니다. 왕은 지시를 따르려고 무척이나 노력했지만 도저히 '아브라카다브라'라는 단어를 머리에서 떨쳐버릴 수가 없었습니다. 결국 왕은 모래를 금으로 만들지 못했습니다.

프랑스 심리학자 샤를 보두앵(Charles Baudouin)은 이를 명확하게 표현했습니다. "부를 향한 야망을 품으면서도 항상 가난할 것이라고 예상하고, 자신이 원하는 것을 얻을 수 있는 능력을 언제나 의심하는 것은, 서쪽으로 여행하면서 동쪽에 도착하려는 것과 같습니다. 자신이 성공할 능력이 있다는 것을 매번 의심하면서 실패를 끌어당기는 사람을 도울 수 있는 철학은 없습니다.

'당신은 당신 얼굴이 향하는 방향으로 갈 것입니다.'라는 속담이 있습니다. '나는 가난하다, 나는 남들처럼 할 수 없다, 나는 절대 부자가 될 수 없다, 나는 남들이 가진 능력이 없다, 나는 실패자다, 운이 나쁘다'라고 자신을 낮춰 불평할 때마다, 자신을 위해 그만큼의 문제를 쌓는 것입니다.

성공을 위해 아무리 열심히 일해도 만약 당신의 생각이 실패에 대한 두려움으로 가득 차 있다면, 그 생각은 노력을 죽이고 무력화시켜 성공을 불가능하게 만들 것입니다.

사실 우리 모두는 자신의 실패에 명백한 책임이 있습니다. 그것은 마치 집 뒤에 있는 언덕을 없애고 싶다고 결심한 할머니와 같습니다. 그녀는 무릎을 꿇고 신에게 '제발 언덕을 없애 주세요'라고 간절하게 기도했습니다. 다음날 할머니는 일어나서 창문으로 갔습니다. 언덕은 여전히 그 자리에 그대로 있었다, 그러자 짜증을 내며 "이럴

줄 알았어!"라고 말했습니다. 그러고는 이렇게 덧붙였습니다. "나는 그분께 기회를 드렸어요. 하지만 기도가 아무 소용이 없다는 걸 알고 있었어요."

기도는 단순히 호의를 구하는 것이 아닙니다. 기도는 찬양의 노래도 아닙니다. 오히려 기도는 자기 내면에 있는 신의 힘을 깨닫는 것입니다. 당신의 몸, 환경, 사업, 건강, 번영에 대한 통제권을 내면으로 부터 잠재의식과 우주적 마음을 계속 연결시켜 이루는 행위인 것입니다. 당신의 내면에 잠자고 있는 잠재의식은 우주적 마음과 연결돼 모든 선한 힘을 갖고 있으며 악은 결코 당신을 지배할 수 없다는 것입니다. '선'은 단순히 신성함을 의미하는 것이 아닙니다. 선은 사람의 행복을 의미합니다. 선은 우리 세상의 모든 좋은 것들-우리 자신을 위한 안락함과 즐거움과 번영, 우리에게 의존하는 사람들을 위한 건강과 행복을 의미합니다. '선'의 한계는 오직 자신이 그것을 제안할 때만 생깁니다.

나폴레옹(Napoleon)을 그 시대의 가장 위대한 정복자로 만든 것은 무엇일까요? 나폴레옹 자기 자신에 대한 굉장한 믿음이었습니다. 자신의 운명에 대한 숭고한 믿음, 즉 자신이 통과하거나 넘어설 방법을 찾지 못할 장애물이 없다는 절대적인 확신이 있었습니다. 그가 그 확신을 잃고, 후퇴와 진격 사이에서 몇 주 동안 망설이고 주저했을 때 세계 제국을 건설하려는 그의 꿈은 모스크바에서 겨울을 맞이하며 끝났습니다.

운명은 그에게 모든 기회를 먼저 주었습니다. 겨울눈이 한 달이나 늦게 내렸습니다. 하지만 나폴레옹은 망설였고 패배했습니다. 나폴레옹을 패배시킨 것은 눈이 아닙니다. 러시아군도 아닙니다. 그것은 자신에 대한 믿음의 상실이었습니다.

과거가 아닌, 미래가 아닌,
지금 여기에 있는 것

The Kingdom of Heaven

천국은 저 멀리 있는 어떤 상태가 아니며, 이 땅에서 겪은 오랜 고난에 대한 어떤 보상이 아닙니다. 천국은 바로 지금, 바로 여기에 있습니다! 예수께서 천국이 우리 안에 있다고 말했을 때 행복과 선을 위한 힘, 삶에 필요한 모든 힘이 우리 각자에게 있다는 것을 의미했습니다.

우리 대부분이 이 천국을 깨닫지 못하고 병들고 고통받고 가난과 고난에 짓눌려 있는 것은 신의 잘못이 아닙니다. 우리가 그 길을 찾지 못한다면 그것은 우리의 책임입니다. 우리 안에 있는 천국을 누리고, 지금 여기에서 영원한 삶을 살기 시작하려면 내 안에 있는 힘을 더 깊이 이해해야만 합니다.

진정한 생각과 진정한 힘이 존재하는 곳은 바로 이 내면의 세계입니다. 이 세계를 통해 모든 문제의 해결책과 모든 결과의 원인을 찾을 수 있습니다. 이를 발견하면 모든 힘과 소유가 당신의 통제 안으로 들어오게 됩니다.

외부 세계는 내면세계의 반영일 뿐입니다. 당신이 되고자 하는 모든 것을 마음속에 떠올리면 그것이 외부 세계에 반영됩니다. 풍요로움을 생각하고, 느끼며, 믿으면 당신이 생각하고 느끼고 믿는 대로 풍요로움이 일상생활에 나타날 것입니다. 그러나 두려움과 걱정을 마음의 동반자로 삼고 빈곤과 한계의 생각이 마음에 머물게 한다면, 걱정과 두려움, 한계와 빈곤이 밤낮으로 끊임없이 함께 할 것입니다.

당신의 정신적 개념이 가장 중요합니다. 자신과 물질과의 관계는 반드시 형태가 생기기 전에 어떤 모델이 먼저 창조돼야 합니다. 테리 월터(Terry Walter) 박사는 이렇게 설명합니다. "잠재의식에 들어가는 개념은 지워지지 않습니다. 이것은 절대 잊히지 않습니다. 이 개념의 힘은 신체와 정신, 태도와 도덕성까지 변화시킬 수 있습니다. 실제로 성격까지 혁명적으로 바꿔 놓을 수 있기 때문입니다."

깨어 있는 시간 동안 의식은 보고, 듣고, 냄새 맡고, 맛보고, 접촉하는 감각을 통해 지속적으로 잠재의식에 먹이를 공급합니다. 이 다섯 가지 감각은 영혼의 마음을 채우는 공급원의 역할을 합니다. 따라서 우리가 어떤 생각을 하거나 감정을 느낄 때마다 내면을 통해 잠재의식에 전달되고 있다는 것을 분명하게 깨닫는 것이 매우 중요합니다.

생각은 마음이 요구하는 것이라면 어떤 형태로든 무한한 에너지를 제공합니다. 생각은 이 에너지를 좋은 것이든 나쁜 것이든, 받아들이는 형태에 따라 결정짓는 틀입니다. 선택은 자유롭습니다. 그러나 결과는 확실합니다. 부, 권력, 성공에 관한 생각은 그것들에 대한 생각에 상응하는 결과만을 가져올 수 있습니다. 빈곤과 결핍에 대한 생각은 오직 한계와 문제만을 가져올 수 있습니다. 그 생각들이 내면으로 들어가 잠재의식 속에 쌓이고, 이 세상 모든 자연을 탄생시킨 우주적 마음과 하나인 잠재의식이 연결돼 반드시 이뤄지기 때문입니다.

어쩌면 지나친 논리라고 말하거나 지나친 형이상학적 논리라고 말할 수도 있겠군요. 일부는 부자가 되고 일부는 가난해야 하며 시련과 고난은 당연하다는 생각을 배우며 살아왔을 테니까요. 인생은 언제나 고통이 존재할 수밖에 없다고 생각할지도 모르겠습니다.

〈사이언스 서비스 Science Service〉 편집자인 에드윈 에머리 슬로슨(Edwin E. Slosson) 박사는, '대중은 아이디어가 단지 새롭다는 이유만으로 반대하는 경향이 있다'라는 사실을 언급합니다.

언젠가 인류는 현재 수백만 명의 가난과 비참함 되돌아보며 풍요를 충분히 갖게 해 줄 정신을 활용하지 않은 것이 얼마나 어리석었는지 생각할 것입니다. 자연을 보십시오. 모든 것에 얼마나 풍요롭습니까? 그 풍요로움을 창조해 낸 우주적 능력과 하나로 연결된 당신을 겨우 생계를 이어나가고 궁핍하도록 설계했다고 생각합니까?

하늘에는 수억 개의 별이 있습니다. 그런 엄청난 풍요로움으로 셀 수 없이 많은 세계를 창조할 수 있는 힘과 연결된 잠재의식이 행복에 필요한 몇 가지 것들을 아끼도록 의도했다고 생각합니까?

궁극적으로 이 세상의 모든 것은 마음의 아이디어입니다. 모든 것이 마음을 통해 결합되었습니다. 우리가 원하는 것을 다시 정신적 이미지로 바꿀 수 있다면 그것들을 원하는 만큼 많이 만들고 원하는 모든 것을 소유할 수 있습니다.

계속 더 번성해 나가는 일 밖에 없다.

To Him That Hath-

숫자의 과학을 예로 들어 보겠습니다. 모든 숫자가 금속으로 되어 있고 스스로 숫자를 만들어 사용해야 한다고 생각해 보세요. 계산을 할 때마다 숫자들을 준비하고 올바른 순서로 배열해 가야 한다고 상상해 보세요. 만약 문제가 너무 어렵다면 숫자가 부족해질 테고 이웃이나 은행에서 숫자를 빌려야 할지도 모릅니다.

하지만 숫자는 사물이 아니며 얼마든지 더하거나 나누거나 곱하거나 뺄 수 있기 때문에 누구나 숫자를 자유자제로 활용할 수 있죠. 마찬가지입니다. 바로 이 방식으로 돈을 바라보게 되면 원하는 만큼 돈을 갖게 될 것입니다. 그렇습니다. 가진 사람에게는 더 많이 주어지고 갖지 않은 사람은 그 가진 것마저도 빼앗기게 될 것입니다.

생각은 외부로 드러납니다. 어떤 사람인지는 전적으로 마음속에 품고 있는 이미지에 달려 있습니다. 생각할 때마다 그 생각이 시작된 원인과 유사한 조건을 만들어내는 일련의 원인을 시작합니다. 우리가 오랜 시간 동안 의식 속에 간직한 모든 생각은 잠재의식에 각인되어, 그 패턴이 우리의 삶이나 환경에 스며들게 됩니다.

모든 힘은 내면에서 나오며, 따라서 자신의 통제 아래에 있습니다. 생각의 과정을 조절할 수 있을 때 의식적으로 어떤 상황에든 적용할 수 있습니다. 외부 세계에서 오는 모든 것은 이미 내면의 세계에서 상상한 것이란 사실을 깨닫기 바랍니다.

더 많은 돈을 원하나요? 돈은 단지 하나의 창조적 발상에 불과하다는 것을 깨닫기 바랍니다. 당신의 내면은 무한한 창조적 발상들로 가득 차 있으며 이 세상 만물을 창조한 힘 즉, 우주적 마음의 일부이기 때문에 제한이나 부족함 같은 것은 없습니다. 주변을 둘러 보십시오. 나무가 보입니까? 그 힘이 당신 내면의 힘입니다. 꽃과 새가 보입니까? 그것들이 자라고 생명을 유지하는 힘이 당신 내면에도 깃들어 있다면 당신이 하지 못할 일이 무엇입니까?

어딘가에, 어떻게든, 어떤 정당한 목적을 위해 필요한 모든 돈을 가져다줄 방법이 당신을 위해 준비되어 있습니다. 단지 잠재의식에 이 창조적 발상을 찾도록 맡기기만 하면 됩니다. 그것을 믿고 실현하세요. 그러면 당신이 필요로 하는 것은 충족될 것입니다. 이것이 바로 원하는 것을 잠재의식 속에 이미지화한다는 말의 의미입니다.

당신이 생각으로부터 내면으로 보내 잠재의식과 우주적 힘이 연결될 수 있도록 명확하게 이미지화할 수 있으면 됩니다. 원하는 모든 것을 이뤄주는 근원은 우주적 마음에 있으며 그것에 도달할 수 있는 방법은 내면을 통한 잠재의식을 통해서 뿐입니다. 그렇게 우주적 마음은 당신이 믿느냐에 따라 사용하거나 버려두거나 일 것입니다.

누구라도 자신의 내면이 우주적 마음의 일부임을 깨닫고 올바른 소망을 가져 그것이 실현되는 것을 볼 때 더 이상 걱정과 두려움 없는 삶이 시작됩니다. 움츠러드는 대신 지배하는 법을 배웁니다. 모든 상황에 맞서기 위해 일어서며 모든 문제의 해결에 필요한 모든 것이 마음속에 있다는 확신으로 행동합니다. 자신의 문제를 내면의 잠재의식과 연결된 우주적 마음으로 바라보면 언제든 올바른 답을 얻을 수 있습니다.

바다에서 떠 온 물 한 방울이 바다 전체의 물과 동일한 성질을 갖고 있지 않나요? 한 방울의 바닷물도 바다의 모든 물과 동일한 농도를 갖고 있는 것과 같습니다. 전기 스파크는 번개와 같은 성질을 갖고 있고, 기차를 움직이거나 공장의 거대한 기계를 작동시키는 힘과 동일합니다. 유일한 차이는 양입니다. 마찬가지입니다. 잠재의식은 모든 것을 가능하게 만든 우주적 마음과 같으며 동일한 창조적 천재성과 지구와 그 안의 생명체를 발전시켜 온 것과 동일한 힘, 그 모든 지식과 같은 힘을 갖고 있습니다. 이 힘을 인식하십시오. 깨닫고 확신하고 믿고 활용하십시오. 이 모든 힘을 자신의 내면에서 공유하고 있다고 믿는 정도에 따라 건강과 주변 세계에서 원하는 것들을 위한 창조적 발상을 발휘할 수 있을 것입니다.

모든 성장과 공급은 내면의 세계에서 옵니다. 권력이나 부를 갖고 싶다면 내면의 세계, 잠재의식에 이미지화할 때 이뤄집니다. 불화를 제거하고자 한다면 그저 잘못된 이미지, 즉 내부의 질병, 걱정, 문제의 이미지를 제거하면 됩니다. 우리 대부분의 문제는 우리가 전적으로 외부 세계만을 보고 느끼고 말하고 살아간다는 데 있습니다. 하지만 내면의 세계에 대해서는 관심도 지식도 적습니다.

내면의 세계 즉, 잠재의식의 힘은 행복한 삶과 건강, 번영, 행복을 약속합니다. 그것은 어떤 정상적인 목적을 달성할 올바른 방법과 충분한 방법을 제공합니다. 사업, 노동, 직업은 주로 생각 속에 존재합니다. 그리고 그 속에서 노력의 결과는 생각에 의해 조절됩니다. 그렇다면 이렇게 의식으로 조절되는 마음의 제한된 능력만을 사용할 때와 잠재의식과 연결된 우주적 에너지를 사용할 때의 결과 차이를 생각해 보십시오.

미국의 자동차 산업의 사업가 하비 새뮤얼 파이어스톤(Harvey S. Firestone)은 "돈이 아니라 생각이 진정한 비즈니스 자본"이라고 말하며 "자신이 하는 일이 옳다는 것을 확실히 알고 있다면 때가 됐을 때 반드시 성취할 수 있다"라고 했습니다. 생각은 눈에 보이지 않는 물질로부터 대상을 끌어내는 힘을 가진 역동적인 에너지입니다. 물질은 비활성 상태이며 무지합니다. 생각은 이것을 형성하고 통제할 수 있습니다. 오늘날 물질이 존재하는 모든 형태는 어떤 생각, 어떤 욕망, 어떤 창조적 발상의 표현일 뿐입니다.

당신은 생각을 창조할 수 있는 마음을 갖고 있습니다. 생각은 창조적이기 때문에 원하는 것은 무엇이든 스스로 만들어낼 수 있습니다. 이 사실을 깨닫는 순간 마음속에 품고 있는 어떤 성공이라도 큰 발걸음을 내딛게 되는 것입니다. 당신 자신은 그것을 돕고 활용하는 주체입니다. 마음의 힘을 올바르게 사용하려고 정직하게 노력하는 사람은 누구나 위대한 목적을 위해 기여하고 있는 것입니다. 평화와 풍요는 오직 마음을 통해서만 얻을 수 있기 때문입니다.

지구는 아직 발견되지 않은 보물들로 가득 차 있습니다. 우주적 마음의 일부인 당신도 그 보물들을 알 수 있습니다. 수천 년 전 예언자들은 비행기, 자동차, 라디오를 어떻게 생각했을까요? 고대 이스라엘의 예언자 에스겔(Ezekiel)이 도공의 바퀴, 물레방아, 번개의 모습에서부터 바퀴 안의 바퀴로 이뤄진, 전기로 구동되고 사람이 조종하는 비행기를 논할 수 있던 천재성은 어떻게 설명할 수 있을까요?

당신이 모르는 당신 자신의 힘의 존재
To the Manner Born

많은 사람이 자기 자신이 가진 정신력이 얼마나 강력한지에 대해 생각하지 않는 것 같습니다. 오랜 세월 사람은 주어진 대로 받아들이며 살아야 한다고 배워왔고 태어날 때 자신이 얻을 수 있는 위치가 이미 정해졌기 때문에 그보다 높은 지위로 오르려고 하는 것은 나쁜 짓이거나 신성 모독이라고 생각했습니다. 자신의 처지에 불만을 품고 더 높은 단계로 올라서려고 하는 건 세상의 섭리를 시험하는 것으로 받아들였습니다. 그런 생각을 품는 사람은 조롱과 경멸, 생명을 위협받는 더 나쁜 일을 겪기도 했습니다. 그것이 바로 귀족과 노예, 봉건제라는 신분 체계를 만들어 냈으며 상위 계층은 이 체제를 유지하려고 노력해 왔습니다.

민주주의의 기초는 '인간은 모두 평등하다'라는 사상입니다. 그 누구도 주어진 대로 받아들일 필요가 없다는 뜻입니다. 당신은 자신의 이상대로 모든 환경을 재창조할 수 있습니다. 이 힘이 모든 발명과 모든 진보의 원동력입니다. 인간은 결코 만족하지 않고 끊임없이 세상을 재창조합니다. 심리학과 그 외 여러 과학 분야에서 사람은 스스로 원하는 사람이 될 수 있는 힘을 그 자신 안에 갖고 있다고 가르치기 시작했습니다. 따라서 지금 여기서 다루는 이 진리가 그 어느 때보다 더 강하게 작용돼 갈 것입니다.

생각을 활용하는 법을 배우십시오. 마음에 반영되기를 원하는 것들만 머릿속에 떠올리는 방법을 배우십시오. 걱정과 일어나지 않기 바라는 상황, 불만족스런 상태, 관계에 대해 계속 말하고 떠올리며 불쾌한 감정을 끌어안고 계속 머물지 마십시오. 그것들을 마음과 생각에서 치워버리십시오. 이런 것들로는 결코 나를 발전시킬 수 없습니다. 많은 약점과 일어날 수 있는 병, 지금 앓고 있는 질병에 대해 계속 생각하면 완벽한 건강과 힘, 활력을 가질 수 없습니다. 약점은 더 많아지며 강력하게 나를 지배하게 될 뿐입니다.

경쟁자의 과녁을 보고 만점을 맞힐 수 있는 사람은 없습니다. 당신은 힘과 활력을 생각하고, 건강을 생각하고, 부를 생각해야 합니다. 파스칼(Pascal)의 말처럼 '오늘의 성취는 어제 우리 생각의 합' 일 뿐입니다.

생각은 에너지입니다. 정신적 이미지는 에너지입니다. 이 에너지가 명확한 목적을 향할 때 그것은 강력한 힘이 됩니다. 이 힘의 본질과 초월성을 이해하는 사람에게는 모든 물리적 힘이 무의미해집니다. 상상력은 생각의 한 형태일 뿐입니다. 그러나 그것은 모든 발명가와 발견자들이 새로운 세계로 나아가는 길을 열어주는 도구로서 역할을 해주었습니다. 이 힘을 이해하는 사람들은 그들의 상태가 아무리 보잘 것 없고 타고난 재능이 부족해도 여러 사람 위에 서 있는 지도자가 됩니다. 통치자가 되며 법을 만드는 사람이 되어 무리를 인도하는 지도자들이 바로 그들입니다.

글렌 클라크(Glenn Clark)는 〈월간 애틀랜틱(Atlantic Monthly)〉에 이 힘을 사용한 사람들에 대해 이렇게 썼습니다. "우리가 가진 문명은 그들의 작품이며 오로지 그들만의 것입니다. 진보가 이뤄졌다면 그들이 이뤘습니다. 내적인 힘의 새로운 사실이 발견되었다면 그들이 발견한 것입니다. 만약 정의와 질서가 혼란 대신 자리 잡았다면 그 변화를 이뤄낸 것은 그들입니다. 진보는 결코 대중으로부터 이뤄지지 않습니다. 새로운 진보, 즉 창조는 한 사람에 의해 만들어 지기 때문입니다."

철도나 전화, 자동차, 도서관, 신문, 그 밖의 수많은 편의시설, 안락함, 필수품은 인구의 2%에 불과한 사람들의 창의적인 천재성 덕분에 세상에 나타났습니다. 그리고 이들 2%의 사람이 부의 상당 부분을 소유하고 있습니다. 그렇다면 의문이 들지 않나요? 이들은 누구입니까? 부자의 아들입니까? 군인입니까?

한 가지 놀라운 사실은 이들 대다수가 그들 인생의 초장기에는 이런 것을 상상하기 힘든 상황에 놓여있었다는 사실입니다. 그들 중 많은 사람이 대학에 다녀보지 못했습니다. 하지만 절박한 상황이 그들을 움직이게 만든 동력이었고 어떻게든, 어떤 방법으로든, 그들 내면의 마음의 '지니'를 활용하는 방법을 찾았다는 사실입니다. 그 힘이 내면의 힘과 온전히 연결됐기 때문에 성공에 이른 것입니다.

헤매거나 넘어질 필요가 없습니다. 이미 존재하고 있으며 당신이 꺼내고 사용해 주기를 기꺼이 기다리며 인내해 온 내면의 힘이 거기 있기 때문입니다. 그저 세 단계가 필요할 뿐입니다.

첫째, 자신에게 힘이 있다는 것을 깨닫는 것.

둘째, 자신이 원하는 것이 무엇인지 아는 것.

셋째, 하나의 목적과 그것에 관한 생각을 집중할 것.

이런 단계를 수행하려면 내 안에 있는 힘에 대해 더 깊이 이해해야 합니다. 이 힘은 무엇일까요? 찾으려면 어디로 가야 할까요? 그것은 물건, 장소, 사물일까요? 경계, 형태 또는 물질적 모양이 있나요? 아니요! 그렇다면 어떻게 찾아야 할까요? 그것은 내 안에 힘이 있다는 것을 깨닫기 시작하는 데서 시작됩니다. 이 힘을 사용하려는 순수한 야망과 열망을 의식으로 마음에 일으키기 시작하면 지혜의 길로 들어선 것입니다. 당신이 기꺼이 앞으로 나아가려고 하고 이 방법을 습득하기 위한 정신적 훈련을 견딜 의지가 있다면, 세상의 어떤 것도 당신을 막거나 당신이 장애물을 극복하는 것을 방해 할 수 없습니다. 지금, 오늘부터 배운 내용을 바로 활용하기 시작하세요. 모든 성장은 연습에서 부터입니다.

모든 생명의 힘이 작동하고 있습니다. 그 힘은 평화와 기쁨, 에너지로 나타납니다. 그러나 사용되지 않은 재능은 시들어갑니다. 그러니 문을 열고 이 모든 힘을 활용하십시오. 확실한 믿음은 내면의 이 힘을 추진히고 나아가게 하는 원동력입니다. 믿음은 자신감이며 확신이며 진리를 실행하는 힘입니다. 이 힘이 인생에 대한 올바른 창조적 발상으로 당신을 이끌고 모든 힘의 발현을 가능하게 한다는 것을 아는 것입니다.

모든 원인은 마음속에 있고 마음은 어디에나 있습니다. 모든 지식과 지혜와 힘이 당신 주변에 있습니다. 당신이 어디에 있든지 상관없습니다. 마음도 그 일부입니다. 당신은 그것에 접근할 수 있습니다. 당신은 그 힘에 접근할 수 있습니다. 만약 그것을 활용하지 못한다면 그 책임은 전적으로 자신에게 있습니다. 바다의 물방울이 바닷물의 모든 성질을 공유하듯, 마음의 모든 힘과 모든 지혜가 내면에서 잠재의식으로, 우주적 마음과 연결돼 발현되고 있기 때문입니다.

허약한 몸, 가난, 삶의 여러 어려움을 운명의 탓으로 돌리지 마십시오. 그 책임은 자신에게 있습니다. 지구와 그 안에 있는 모든 것은 나 자신의 것이지만 그것을 받아들이지 않은 한 내 것이 되지 않기 때문입니다. 그 힘을 이제는 사용해야 합니다. 그 힘은 쉼 쉬는 공기처럼 내 주위를 둘러싸고 있습니다. 다른 사람이 대신 숨을 쉬어 주기를 기대하지 않는 것처럼 누군가 대신 이 힘을 사용해 주기를 기대할 수 없습니다.

그러니 오늘부터 하고 싶은 일은 무엇이든 할 수 있고 갖고 싶은 것은 무엇이든 가질 수 있으며, 되고 싶은 것은 무엇이든 될 수 있다는 사실을 아는 것부터 시작하세요. 그리고 내면의 잠재의식과 우주의 마음을 연결시킨 확고한 신념으로, 이 지구의 탄생에 배어 있는 무한하고 막강한 지성의 그 힘을 사용하십시오. 그리고 그 열망에 따라 행동하십시오. 당신 내면에 좋은 것, 긍정적인 것들이 들어 있도록 말과 생각을 제어하십시오. 내면의 것들이 잠재의식으로 쌓인다는 것을 기억하십시오. 그리고 이 잠재의식은 우주의 창조와 같은 힘을 가진 에너지와 하나라는 걸 잊지 마십시오.

이 무한한 힘, 창조와 번영의 에너지인 힘이 당신 내면에도 들어 있습니다. 그 힘은 내면과 연결돼 당신이 원하는 것이 현실로 이뤄지도록 창조해 냅니다. 이것을 믿고 원하는 것을 내면으로 계속 바라십시오. 그리고 다만 행동하십시오. 당신이 바라는 것이 이뤄질 수 있는 행동만 계속 하고 있다면, 반드시 모든 것이 움직여 당신을 돕게 만들것입니다. 때가 되면 반드시 당신 앞에 실현돼 나타날 것입니다.

열망: 성취의 첫 번째 법칙

Desire the First Law of Gain

아, 사랑이여!

당신과 내가 운명과 음모를 꾸며

이 슬픈 세상의 계획을

온전히 붙잡을 수 있다면

그것을 산산이 부숴버리고

마음의 소망에 더 가까운 모습으로

다시 만들지 않겠습니까?

– 오마르 하이얌의 〈루바이야트〉 –

만약 무엇이든 이뤄주는 소원 반지가 있다면 어떤 소원을 말하고 싶습니까? 인생에서 다른 모든 것보다 가장 바라는 것은 무엇인가요? 당신이 진심으로, 한결같은 목적을 갖고 원하는 것은 무엇이든 가질 수 있습니다. 하지만 가장 중요한 첫 번째는 그 한 가지가 무엇인지 아는 것입니다. 마음의 소원을 이루기 전에, 원하는 것이 무엇인지 마음속에 분명히 새겨야 합니다.

역설적으로 들릴 수 있지만 자신이 진정으로 원하는 것이 뭔지 아는 사람이 드뭅니다. 대부분은 미카버(Micawber, 찰스 디킨스의 소설에 등장하는 캐릭터)처럼 무언가가 나타나기를 바라며 막연하게 살아갑니다. 그들은 하루하루의 투쟁에 너무나 몰두한 나머지 만약 알았다 해도, 이제 무엇을 위해 투쟁하고 있는지 조차 잊어버렸습니다. 마치 물에 빠진 사람 처럼 목적 없는 투쟁 속에서 에너지와 생각과 마음의 힘을 낭비하고 생각도, 방향도, 없이 자신을 소진시키며 아무 데도 도달하지 못합니다.

원하는 것을 얻을 가능성을 높이려면 먼저 자신이 무엇을 원하는지 알아야 합니다. '마음 속 지니는' 결코 실패하지 않는 메시지의 전달자입니다. 그 메시지를 명확하게 작성하는 것은 바로 자신의 몫입니다. 알라딘이 지니에게 원하는 것을 명확하게 말하지 않았다면 지니로 부터 아무것도 얻지 못했을 것입니다.

마음의 영역, 즉 모든 실질적인 힘이 존재하는 영역에서는 원하는 것을 즉시 소유할 수 있습니다. 그것을 주장하고 시각화하고 현실로 가져오기만 하면, 당신 것이 됩니다. 마음의 지니는 상황을 지배할 힘을 줄 수 있기 때문입니다. 건강, 행복, 번영, 그리고 그것을 실천하기 위해서는 진지하고 강렬한 열망만이 필요할 뿐입니다.

사실이라고 믿기 힘듭니까? 잠시 처음으로 돌아가 봅시다. 당신은 현재 상황에 만족하지 못하는 '불만'에 감염됐습니다 .이 불만이 세상의 모든 위대한 업적을 이룬 원동력입니다. 당신이 감염되지 않았다면 이 책을 여기까지 읽지도 않았을 것입니다. 당신의 마음은 더 나은 것을 갈망하고 있습니다. 당신은 걱정과 고된 일에 지쳤습니다. 아무 성과도 없이 반복되는 지루한 일상에 지쳤습니다. 이 세상에서 인간의 몫처럼 느껴지는 질병과 아픔에도 지쳤습니다.

당신 안에는 항상 더 큰 일로 나아가도록 재촉하는 무언가가 있습니다. 그것은 당신에게 여유도, 휴식도, 게으름을 부릴 기회도 주지 않습니다. 콜럼버스가 바다를 건너게 하고, 한니발이 알프스를 횡단하게 하고, 에디슨을 기차 소년에서 세기의 발명 마법사로, 헨리 포드를 마흔의 가난한 정비공에서 60세의 세계 최고 부자로 만든 것이 바로 그 '무언가'입니다. 내 안의 이 '무언가'는 하고 싶은 것은 무엇이든 할 수 있고, 되고 싶은 것은 무엇이든 될 수 있고, 갖고 싶은 것은 무엇이든 가질 수 있다고 계속 말합니다.

당신은 어쩌면 그 말이 맞을지도 모른다는 은근한 의심이 들고 있을 것입니다. 그러나 분명한 것은 '그 무언가가 바로 당신의 잠재의식이며 우주적 마음의 일부인 당신 '내면 속의 지니'입니다. 사람들은 그것을 열망이라고 부릅니다. 미국의 저명한 칼럼니스트 아서 브리스반(Arthur Brisbane)은 "열망이라는 마부가 인생을 이끄는 사람은 행운아다"라고 말했습니다. 이 마부는 세상과 역사에서 가장 훌륭한 운전사입니다. 그가 운전기사라면 당신은 행운아입니다. 그는 자신이 가치 있는 일을 할 때까지, 일하고 성장하고 앞으로 나아갈 때까지, 당신을 계속 움직이게 할 것입니다. 이것은 사람의 뇌에서 작용하는 작은 악마로, 성취를 생각하면 피가 끓고 실패를 생각하면 얼굴이 붉어지고 창백해 집니다.

우리 모두 적어도 젊었을 때는 이 악마를 운전사로 데리고 있었습니다. 안타깝게도 한두 살 나이가 들어가면서 그 열정이란 게 매우 나쁘고 희망이 없으며 계속 달려 나가며 운전할 가치가 없다고 포기해 버리고 맙니다. 열망이라는 운전사와 함께 인생의 수레바퀴에 올라타던 10대를 되돌아보는 사람이 얼마나 될까요? 세월이 흐르고 기회가 오기를 기다릴 수 없던 시절을요.

하지만 계속해 나가는 힘은 열망의 의무이며 열망을 계속 유지하는 것은 당신의 의무입니다. 아무것도 하지 않는다면, 서두르지도 않는다면, 아무 결과도 없을 거라고 확신할 수 있습니다. 앞으로 몇 년이 지나도 가치 있는 일은 거의 없을 것입니다. 20년 후, 우리 대부분이 아무런 이름 없는 존재가 돼 있을 때, 큰 인물이 될 사람들은 이른 시간부터 늦은 시간까지 이 열망을 계속 움직이게 하고 멈추지 않은 사람의 이름일 것입니다.

지금까지 실망과 환멸을 경험했습니까? 당신의 야망이 무뎌졌다면 어떻게 하겠습니까? 하지만 기억하세요, 모든 장애물에는 돌아가거나 넘어서거나 뚫고 나갈 방법이 있습니다. 당신의 능력 중 10%만이 의식에 존재하고 나머지 90%는 잠재의식에 있음을 명심하세요. 잠재의식에 더 많이 의존하면 모든 장애물을 극복할 수 있습니다. 기억하세요, 마음이 구원하지 못할 만큼 절망적인 상황이나 너무 멀리 가버린 인생은 없습니다.

모든 불리한 상태는 단지 무언가 부족하기 때문일 뿐입니다. 당신도 알다시피 어둠은 실재가 아닙니다. 그것은 단지 빛의 부재일 뿐입니다. 불을 켜면 어둠은 존재하지 않은 게 됩니다. 그것은 즉시 사라집니다. 마찬가지집니다. 가난이나 빈곤은 단순히 필요한 공급이 부족한 것입니다. 공급의 길을 찾으면 가난은 사라집니다. 질병도 마찬가지로 건강의 부재일 뿐입니다. 만약 완벽한 건강 상태라면 병이 당신을 해칠 수 없습니다.

그러므로 당신이 극복해야 할 것은 없습니다. 그저 무언가를 습득하기만 하면 됩니다. 그리고 언제나 마음이 그 길을 보여줄 수 있습니다. 방법을 배우기만 하면 원하는 것은 무엇이든 마음으로부터 얻을 수 있습니다.

발명가 필로 판즈워스(Philo Farnsworth)는『실용 심리학 Practical Psychology』에서 누구나 자신이 되고자 하는 것을 실제로 할 수 있고 될 수 있다는 점은 사실입니다" 라고 말했습니다. 그리고 전 세계의 여러 학자들이 이 생각을 수천 가지 다양한 방식으로 표현하고 있습니다.

찰스 W. 미어스(Charles W. Mears)는 "세상을 지배하는 것은 의지가 아니라 열망입니다."라고 말했습니다. 이 말을 기억하기 바랍니다.

집중

The Magic Secret

"좋습니다. 좋아요. 저 역시 평생 동안 열망하고 있었습니다. 항상 부자가 되고 싶었어요. 그런데 왜 내 재산과 지위, 명예는 아직도 부유한 사람들과 차이가 나는 걸까요?"

답은 간단합니다. 자신의 열망을 하나의 강력하고 지배적인 열망으로 집중하지 않았기 때문입니다. 당신은 부자가 되기를 바라고 책임 있는 지위와 영향력을 갖기 바라며 자유롭게 여행하기를 바랍니다. 당신의 소망들은 너무 많고 다양해서 서로 이해가 충돌하며 하나의 방향으로 나아가지 못하게 합니다. 모든 것을 희생해서라도 이루려는 강렬한 열망의 힘이 부족한 상태인 것입니다. 나폴레옹이 수적으로 우세한 적을 상대로 어떻게 그토록 자주 전투에서 승리할 수 있었는지 아십니까? 바로 병력을 실제 전투 지점에 집중시켰기 때문입니다! 그의 포병은 종종 수적으로 열세였지만 적의 포병보다 훨씬 더 많은 성과를 거뒀습니다. 그 이유는 포격을 분산시키지 않고 공격 지점에 집중시켰기 때문입니다!

무의미하게 꿈꾸고 소망하는 시간을 하나의 확실한 대상에 집중한다면 놀라운 일을 성취할 수 있습니다. 돋보기를 들고 태양 광선을 하나의 작은 지점에 집중시키면 그 빛이 얼마나 빨리 열을 만들기 시작하는지 볼 수 있습니다. 마음도 마찬가지입니다. 한 번에 하나의 아이디어에 집중하십시오.

많은 사람이 저에게 집중하는 법에 관해 묻습니다. 그러나 집중력은 배우는 게 아니라 그저 '하는 것'입니다. 무언가에 관심을 충분히 가질 때마다 집중하지 않나요? 야구 경기에 몰입하거나 흥미진진한 연극이나 영화에 너무 몰입해서 주변 오케스트라의 연주 소리도 듣지 못하거나 주변에 사람들이 있다는 사실 조차 잊는 것, 이것이 바로 집중력입니다.

한 가지 일에 너무 집중해서 주변에서 일어나는 다른 일에는 전혀 주의를 기울이지 못하는 것 이것이 집중력입니다. 무언가를 간절히 원한다면 그것에 집중할 수 있는 능력에 대해 걱정할 필요가 없습니다. 벌이 꿀에 집중하듯 자연스레 그 일에 집중하게 될 것입니다. 이제 가장 원하는 것을 마음속에 담아두세요. 그것을 확인하세요. 그것이 실재하는 사실이라고 믿으십시오. 이 책 전체에서 이보다 더 중요한 것은 없습니다.

가장 중요한 것은 '이미 받은 걸로 믿어라'라는 것입니다. 당신의 잠재의식은 제안에 매우 잘 반응합니다. 당신이 진심으로 무언가를 받았다고 믿고 그 믿음을 잠재의식에 각인시킬 수 있다면 잠재의식은 그것을 갖도록 보장합니다. 무한한 힘을 가진 우주적 마음의 일부인 잠재의식이 그 힘을 공유하고 있기 때문입니다.

아름다운 집에 살고 많은 돈을 쓰고 요트와 고급 자동차를 타고 다니는 사람들은 대부분 한 가지 확실한 목표를 이루기 위해 시작한 사람들입니다. 그들은 하나의 명확한 목표를 염두에 두고 모든 일을 그 목표에 집중했습니다.

많은 사람이 똑같은 일상을 반복하며 근근이 살아가고 있습니다. 그들은 언젠가 행운이 올 거라는 막연한 희망 외에 뚜렷한 열망을 품지 않습니다. 하지만 당신도 알다시피 틀에 박힌 삶은 무덤과 깊이만 다를 뿐입니다. 그런 삶은 동물이 사는 것보다 낫지 않습니다. 빵을 사기 위해 하루 종일 일하고 다음 날 더 많은 빵을 살 힘을 얻기 위해 하루 종일 일합니다. 매일 먹고 사는 것만 겨우 해결하며 걱정과 싸움에 시간을 다 보냅니다. 죽음으로 지금의 이 슬픔이 끝나길 바라는 것 외에는 아무런 희망도 없습니다.

진정으로 간절히 원한다면 원하는 것을 모두 가질 수 있습니다. 한결같은 목표를 갖고 그 열망을 붙잡는다면 되고 싶은 사람이 될 수 있고, 원하는 것을 가질 수 있으며, 이루려는 모든 것을 성취할 수 있습니다. 자기 능력을 알고 믿는다면 말입니다. 그리고 그 열망에 맞는 행동을 계속 해 나간다면 말입니다.

소망하는 게 무엇인가요? 건강인가요? 당신이 절름발이이거나 침대에 누워 있거나 허약하거나 상관없습니다. 몸은 11개월마다 완전히 자신을 재건합니다. 지금부터 완벽한 라인을 따라 재건을 시작할 수 있습니다.

부를 원하나요? 성공에 관한 장에서는 수입을 늘리는 방법, 선택한 사업이나 직업에서 빠르게 앞서 나갈 방법을 여기에 모두 펼쳐놓겠습니다. 당신이 원하는 것은 행복인가요? 여기에 제시된 규칙을 지키면 인생에 대한 관점이 완전히 바뀔 것입니다. 의심과 불확실성은 사라지고 차분한 확신과 지속적인 평화로 대체될 것입니다. 마음이 원하는 것을 소유하게 될 것입니다. 사랑과 우정을 갖게 될 것입니다. 만족과 행복을 얻게 될 것입니다.

그러나 열망은 잠재의식에 각인돼야만 성취될 수 있습니다. 단순한, 의식적인 인간의 열망만으로는 거의 아무것도 얻지 못합니다. 그것은 그저 마음속을 스쳐 지나가는 백일몽과 같습니다. 당신의 열망은 시각화되어야 하고, 지속적으로 유지되어야 하며, 집중되어야 하고, 잠재의식에 깊이 각인돼야 합니다.

욕망이 어떻게 이뤄질 것인지 그 수단에 대해서는 신경 쓰지 마세요. 잠재의식에 안전하게 맡겨도 됩니다. 잠재의식은 몸을 만들고 고치는 것 외에도 많은 일을 할 수 있습니다. 원하는 것을 시각화할 수 있다면, 잠재의식에 그것을 가질 수 있다는 믿음을 심어줄 수 있다면, 그것을 얻기 위한 수단을 찾는 것은 잠재의식에 맡겨도 됩니다. 우주적 마음이 길을 보여줄 것을 믿으세요.

모든 걸 그토록 풍부하게 제공하는 마음은 우리가 그 풍요로움을 활용하는 것을 보고 기뻐할 것입니다.

행복을 위해 내일이나 내년, 또는 다음 생까지 기다릴 필요가 없습니다. 구원받기 위해 죽을 필요가 없습니다. 천국은 하늘 위나 별이나 다음 세상에 있다는 뜻이 아닙니다. 바로 지금을 의미합니다! 행복의 가능성은 항상 여기에 있으며 언제나 이용할 수 있습니다. 모든 사람 인생의 열린 문 앞에는 인간이 지구를 지배하는 존재라는 사실을 이해하는 값비싼 진주가 놓여 있습니다. 이러한 이해와 확신이 있으면 당신 앞에 놓인 모든 일을 할 수 있으며 모든 사람과 우리 자신을 만족시킬 수 있습니다.

신(神)과 선(善)은 동의어입니다. 신, 즉 선은 그것을 믿지 않는 사람들에게만 존재하지 않습니다. 자신의 열망을 찾아 그것을 생각에 각인시키면 기회의 문을 엽니다. 이 새로운 하늘과 새 땅에서는 기회의 문이 결코 닫히지 않을 것입니다.

사실 당신은 이미 받아들일 모든 걸 갖고 있습니다. 그러니 자신을 수용 상태로 유지하십시오. 풍부하게 계속 받는 것이 당신의 임무입니다. 기회의 법칙은 그 지속성과 이용가능성을 통제합니다. 그러나 무한한 마음은 모든 불협화음을 해결할 수 있습니다. 삶에서 당신이 하고 싶은 역할을 연기하세요. 건강하게 행동하고 번영하게 행동하며 행복하게 행동하세요. 모든 좋은 것과 완벽한 선물이 당신의 것임을 잠재의식에 확신시키세요. 건강, 번영, 행복을 마음속에 새기세요.

그러면 어느 멋진 아침에 깨어나 당신이 건강하고 번영하며 행복하다는 것을 발견하게 될 것입니다. 그리고 당신이 인생에서 가장 바라는 것을 이미 갖고 있다는 것도 알게 될 것입니다.

생각하면 내면으로 쌓이는

The Soul's Sincere Desire

기도란 이루고 싶은 간절한 소망을 우주적 마음에 가져가는 것입니다. 영국의 군사 지도자 버나드 몽고메리(Bernard Montgomery)의 말을 빌리면, '기도는 말하든, 말하지 않든, 영혼의 소망'입니다. 우리 마음의 소원, 적어도 진정한 열망을 담은 기도는 진정한 가치가 있습니다. 그 기도는 닿고 응답받을 것입니다. 입으로 무슨 말을 하든 상관없지만 중요한 건 마음에서 정말로 원하는 것, 그것을 잠재의식에 그려내고 그것을 통해 우주적 마음에 전달하는 것입니다.

혼자 있을 수 있는 곳으로 가세요. 당신의 가장 진실한 열망에 집중할 수 있는 곳으로 가세요. 방해받지 않고 그 열망을 잠재의식에 각인시킬 수 있는 곳으로 가세요. 그렇게 하면 나의 고요해진 내면과 우주적 마음이 연결될 수 있습니다. 진심으로 믿으십시오. 모든 좋은 것을 가질 수 있는 능력과 하나로 연결된 내 상태를 인식하십시오. 원하는 것을 분명히 얻게 될 지성과 연결된 하나로 의심과 두려움을 없애 버리십시오. 그런 다음 이 모든 무한한 능력을 확신하십시오.

기도 즉, 진실로 원하는 것을 원하는 것은 매우 효과적입니다. 기도로는 무엇이든 요청하고 무엇이든 털어 놓을 수 있습니다. 마찬가지로 사소한 소망이라도 그것을 갖는 것이 정당하고 옳은 것에 해당된다면, 계속 바랄 때 반드시 이뤄질 것입니다.

원하는 것에 생각을 집중하세요. 그것을 시각화하세요. 정신적 이미지를 만드세요. 당신은 열망의 씨앗을 심고 있습니다. 그러나 그것에 만족하지 마세요. 심는 것만으로는 옥수수 씨앗이 자라지 않습니다. 햇빛에 의해 따뜻해지고 비에 의해 영양을 공급받아야 합니다. 당신의 열망의 씨앗도 마찬가지입니다. 그것은 믿음으로 따뜻해져야 하고 끊임없는 믿음으로 보살핌을 받아야 합니다. 그리고 감사하는 마음을 계속 느끼세요. 아직 물질적으로 나타나기 전에 진심으로 감사할 수 있어야 합니다.

반드시 이뤄질 것을 믿으세요! 원하는 것을 선명하게 상상하고, 상상 속에서 생생하게 보고 적어도 그것을 갖고 있다고 믿으세요! 당신의 잠재의식에 등록되고 그것을 통해 우주적 마음 안에 있는 진실한 신념이 기도에 대한 답을 가져올 것입니다.

일단 잠재의식 속에 원하는 것을 갖고 있다는 확신을 심어주면 그 문제를 잊고 다음 문제로 넘어갈 수 있습니다. 마음은 그것을 실현하는 데 집중할 것입니다.

"결국 우리가 기억할 것은 우리의 적들이 한 말이 아니라,

우리의 친구들이 침묵한 것이다.

혼자 서는 것을 두려워하지 말고,

자신이 믿는 바를 위해 일어서라.

모든 도전은 더 강하고

지혜롭게 성장할 기회이다.

자신의 개성을 받아들이고,

위험을 감수하며,

마음을 따르는 것을 두려워하지 말라.

세상은 당신의 독특한 목소리와

시각을 필요로 한다."

— 마틴 루터 킹(Martin Luther King Jr) —

3장

결국,
원하는 모든 것은
이렇게
이루는 것이다

하지만 어둠 속에서 맹목적으로

더듬거리는 연약하고 무력한 손들이,

그 어둠 속에서 신의 오른손을 만져

들어 올려지고 힘을 얻게 됩니다.

- 헨리 워즈워스 롱펠로 -

당신 안의 알라딘과 그의 동료들

Aladdin & Company

매우 열심히 노력하는 사람이 매번 성공하는 것은 아닙니다. 성공에는 노력만큼이나 방향성이 중요합니다. 바다에서라면 물살을 타서 헤엄치는 것처럼요. 비유적인 측면에서 이런 자연의 흐름을 무시하고 맹목적으로 일하는 사람들은 삶을 어렵게 만들고 드물게 성공합니다. 관찰자들에 의하면 성공이든, 실패든, 90%의 요인은 일상생활의 세부 사항들과는 별개로 이뤄진다고 합니다. 그것은 의식적인 노력 밖에 요인이 있다는 의미입니다.

내면의 잠재적 능력과 하나로 연결된 우주적 마음의 지혜와 힘에 협력하는 정도에 따라 성공할 수 있고 부유하고 행복하게 살아갈 수 있습니다. 협력하지 않는 정도에 따라 실패하며 아프고 불행합니다. 이제 우리는 '무한한 선'이 특정 사람에게만 더 많이 주어지는 것이 아니라는 걸 알고 있습니다. 받아들일 수 있는 우리의 능력에만 한계가 있다는 것을 말입니다. 모든 문제를 해결하는 방법이 이미 계산돼 있다는 것을 알지만 그것을 실행해야 하는 것은 바로 나 자신입니다. 원칙들은 존재하지만 그것을 적용하고 실행하는 것은 바로 나 자신인 것입니다.

이제 첫 번째 필수 조건은 원리를 이해하고 그 원리의 작동법과 사용법을 배우는 것입니다. 두 번째는 이해한 것을 당면한 문제에 적용하는 것입니다. 무한한 에너지와 공급의 원리는 언제나 이용할 수 있습니다. 하지만 그 에너지와 공급은 가만히 있습니다. 당신이 그것을 움직이게 해야 합니다. 법칙을 이해하고 그 이해를 바탕으로 가난, 불화, 질병의 문제를 해결해야 합니다.

내면의 힘은 어떤 좋은 일이든 성취할 수 있다는 것을 보여줍니다. 그러나 목표를 달성할 수 있는 자기 능력을 믿지 못하면 뒤쳐질 수밖에 없습니다. 그 결과 실패는 불가피합니다. 오직 단 하나의 힘이 있으며 그 힘은 상황이나 환경이 아니라 마음에서 나오는 것이란 사실을 이해할 때만 진정한 능력을 밖으로 끌어낼 수 있습니다.

어떤 지능을 가진 힘이 우주를 지배하고 있다는 사실을 부정하는 사람은 거의 없습니다. 이 지능을 우주적 마음이라고 부르든 섭리나 신, 아니면 그저 자연으로 부르든 상관없습니다. 모두가 그것의 지배력을 인정합니다. 모두가 이 힘이 선을 위한 것, 즉 성장을 위한 것임을 인정합니다.

태양 광선이 태양의 일부인 것처럼, 우리 자신의 내면과 마음이 우주적 마음의 일부입니다. 그러나 그 사실을 깨닫는 사람은 거의 없습니다. 당신이 그 힘과 조화롭게 일한다면-태양 광선이 지구에 열과 빛을 가져다주는 원천을 이용하는 것과 같은 방법으로 우주적 마음을 이용해 모든 힘과 지능을 얻을 수 있습니다. 이런 힘이 있다는 것을 아는 것만으로는 충분하지 않습니다. 한두 번이 아니라 매시간, 매일 실천해야 합니다.

매번, 모든 것이, 작동하지 않아도 실망하지 마세요. 처음 산수를 공부할 때 공식을 배워도 문제들이 매번 술술 풀리지 않았을 겁니다. 그렇다고 해서 수학의 원리를 의심하지는 않았겠죠. 이 경우도 마찬가지입니다. 힘은 존재합니다. 올바르게 사용하면 무엇이든 할 수 있습니다.

이 땅에 처음 생명의 원리를 가져온 마음, 즉 지구 자체와 나무와 식물과 동물을 형상화한 마음은 전지전능한 힘이라는 데 모두 동의할 것입니다. 모두가 어떤 문제를 해결하고 어떤 필요를 충족시키기 위해서는 마음이 그 필요를 인식하기만 하면 된다는 것에 동의할 것입니다. 대부분의 사람이 이해하지 못하거나 깨닫지 못하는 것은 우리가 우주적인 마음의 일부로서 동일한 힘을 갖고 있다는 것입니다.

한 방울의 바닷물이, 바다를 가득 채우고 있는 바닷물과 똑같은 성질을 갖고 있듯이 전기의 불꽃이 번개의 속성을 갖고 있듯 말입니다. 그 힘을 믿기 때문에 활용하고 편리하게 이용하고 있지 않습니까?

처음에는 모든 것이 '공'이었습니다. 텅 빈 공간, 즉 무(無)였습니다. 우주적인 마음은 어떻게 이 무형의 허공에서 행성들, 하늘, 지구, 그리고 그 안의 모든 것들을 만들었을까요?

맨 처음 구축할 정신적 이미지를 만들었기 때문입니다. 이것이 바로 당신도 해야 할 일입니다. 자신의 운명, 행운, 행복을 생각하고, 시각화하고 상상할 수 있는 정도에 따라 정확하게 통제할 수 있어야 합니다. 두려움이나 걱정의 잡념이 그것들의 완성과 아름다움을 해치지 않도록 해야 합니다. 생각의 질이 곧 당신 힘의 척도입니다. 명확하고 강력한 생각은 그 생각이 이뤄지기 위해 필요한 모든 것을 끌어당기는 힘을 갖고 있습니다.

월리스 와틀스(Wallace D. Wattles)는 그의 저서 『불멸의 지혜 Science of Getting Rich』에서 이렇게 말합니다. '사물이 만들어지는 생각이라는 물질이 있습니다. 이 물질은 원래의 상태에서 우주의 공간에 스며들고 관통하며 채워집니다. 이 생각이라는 물질은 그 생각이 상상하는 것들을 만들어 냅니다. 인간은 생각 속에서 사물을 형성할 수 있으며 '형태가 없는 물질'에 자기 생각을 각인시킴으로써 자신이 생각하는 것을 만들어 낼 수 있습니다.'

당신의 의식과 우주적 마음을 연결하는 고리는 생각입니다. 그 힘은 내면에서 성장하고 생각으로 이어집니다. 성장과 선에 조화를 이루는 모든 생각, 올바른 욕망으로 가득 찬 모든 생각은 우주적 마음에 도달할 수 있습니다. 그리고 그것이 우주적 마음에 도달하면 힘을 품고 돌아와 그것을 성취시킵니다. 당신은 방법과 수단을 새롭게 고안할 필요가 없습니다. 우주적 마음은 필요한 결과를 가져오는 방법을 알고 있습니다.

어떤 문제든 올바르게 해결하는 유일한 방법이 있습니다. 인간의 판단으로 그 올바른 방법을 결정할 수 없을 때는 우주적 마음에 도움을 구하십시오. 결과를 두려워할 필요가 없습니다. 우주적 마음의 조언을 따르기만 하면 잘못될 수 없습니다. 매 순간 기억하세요. 당신의 마음은 우주적 마음의 힘을 전달하는 관문입니다. 그것을 좋은 매개체로 만들지, 나쁜 매개체로 만들지는 당신에게 달려 있습니다.

생각은 연결 에너지입니다. 그 매개체를 사용하면 전도율을 높일 수 있습니다. 많은 것을 요구하면 더 많이 받을 것입니다. 우주적 마음은 그 어떤 선물에도 인색하지 않습니다. 그것이 생명의 법칙입니다. 인간의 운명은 가난과 고난에 있지 않습니다. 우리의 운명은 우주적 마음과 조화를 이루며 우주를 지배하는 힘과 함께 높은 본분을 따라 사는 데 있습니다.

생각이 내면으로.

내면이 잠재의식으로.

가난과 질병이 신이 보낸 것이며 피할 수 없는 것으로 여기는 것은 약자의 방식입니다. 질병과 가난은 신이 만든 것이 아닙니다. 만약 당신이 매우 사랑하는 아들이 있고 손을 뻗기만 하면 닿을 수 있는 좋은 것들로 둘러싸여 있는데 단지 노력하지 않아서 굶주리고 초라하게 보이며 누더기를 입고 다닌다면 당신은 어떻겠습니까?

인간의 주된 과업은 우주적 마음과의 연결을 확립하는 것입니다. 그 안에 있는 힘을 이해하는 것입니다.

당신이 얻는 모든 것보다 지혜를 얻으십시오. 당신이 우주적 마음과 하나라는 사실을 어느 정도라도 의식하게 되면 필요할 때마다 그것을 불러올 수 있는 능력이 당신을 완전히 다른 사람으로 만듭니다. 두려움과 걱정은 사라집니다. 성공, 건강, 행복이 오직 열망을 마음에 얼마나 깊이 새기느냐에 따라 결정된다는 것을 알게 됩니다.

과거와 마찬가지로, 앞으로도, 자신의 마음을 사용하지 않는 사람들에게는 고된 노동과 걱정, 지치게 많은 일이 계속될 것입니다. 마음을 덜 사용할수록 더 많은 땀을 흘릴 것이며 몸을 써 일할수록 더 적은 보수를 받고 상황은 더욱 절망적으로 변할 것입니다.

세상을 지배하는 것은 바로 마음입니다. 하지만 마음을 최대한 잘 활용하는 것은 단순히 의식적인 부분만을 열심히 사용하는 것을 의미하지 않습니다. 그것은 의식적인 마음을 내면의 사람과 연결하는 것의 중요성을 의미합니다. 소설 〈보물섬〉을 쓴 로버트 루이스 스티븐슨(Robert Louis Stevenson)이 말한 작은 정신의 요정들들과 연결하고 그들과 함께 명확한 목표를 향해 협력하는 것을 의미합니다. 스티븐슨은 그가 표현한 '작은 정신의 요정들'에 대해 "내가 깊이 잠든 동안 내 일의 절반을 해주고 내가 깨어 있을 때조차 내가 스스로 하고 있다고 어리석게 생각할 때 남은 일도 모두 해 주는 존재들"이라고 표현했습니다. 많은 다른 유명 작가들도 비슷한 이야기를 합니다.

문제를 다양한 방향에서 계속 생각하다 오히려 더 혼란스러워질 때가 있습니다. 그럴 때는 잠시 그 문제를 놓아두고 잊어버리십시오. 그리고 얼마의 시간이 지나 문제에 다시 집중했을 때 방법이 명확해지고 잘 정리되는 경험을 해 봤을 것입니다. 해결할 방법이 떠올라 있는 것이죠. 이것이 바로 나와 함께 있는 잠재의식과 내면이 일을 해낸 것입니다!

천재의 번뜩임은 뇌에서 나온 것이 아닙니다. 강렬한 집중을 통해 잠재의식의 회로가 우주적 마음과 연결됐고 거기서 영감이 나온 것입니다. 모든 천재성, 모든 발전은 같은 근원에서 나옵니다. 당신에게 필요한 것은 단지 이 회로를 언제든지 설정하는 방법을 배워 필요할 때 불러올 수 있도록 하는 것입니다. 이것은 가능합니다.

신사상 운동의 개척자인 작가 테론 큐. 듀몬(Theron Q. Dumont)은 『마스터 마인드 The Master Mind』에서 내면과 잠재의식의 힘을 이렇게 표현했습니다. "우리의 정신 작업을 돕기 위해 열심히 일하는 수많은 힘이 있다. 이 힘들을 믿고 신뢰하기만 한다면 이들은 기꺼이 우리를 돕는다. 마치 잊어버린 사실이나 이름을 떠올리는 과정과 유사하다. 어떤 사실이나 날짜, 이름을 기억해 내지 못할 때 더 큰 노력을 기울여 머리를 쥐어짜지만 떠오르지 않을 때가 있다. 생각해 내는 걸 포기하고 일상생활로 돌아가 있는 어느 때, 갑자기 그 기억이 떠오르는 것이다. 이제 (이 비밀을 배운 사람이라면) 조용히 내면의 의식에 '이 이름을 기억해 내라'라는 명령을 전달하고 평소의 일을 계속하라. 몇 분 후, 혹은 몇 시간이 지난 뒤 갑자기 잃어버린 이름이나 사실이 떠오를 테니까. 내면의 의식이 도와준 덕분이다."

이런 경험은 너무 흔해서 더 이상 놀랍지 않지만 내면 의식의 놀라운 작용을 보여줍니다. 잠시 생각해 보면 잃어버린 단어가 우연히 떠오르는 것이 아님을 알게 될 것입니다. 나 자신을 위해 작동하는 내면의 힘이 정신적 문제를 해결하고 그 답을 외부 의식으로 밀어 올리는 것입니다. 평생 저장한 모든 지식과 집단적 기억의 저장고에서 어떤 내용을 떠올리는 과정은 어려울 수도 있습니다. 그럴 때 '이것을 기억해 줘'라고 마음속으로 명령하면 내면의 의식은 그 일을 해줍니다.

'내일 아침 일찍 기차를 타야 해. 4시에는 꼭 일어나야지.'라고 할 때 신기하게 딱 맞춰 일어난 경험 많지 않나요? 내면 의식이 알람시계 역할을 잘 해낸 결과입니다. '나는 2시에 존스와 약속이 있어'라고 했다면 의식이 갑자기 '아 차'하고 알아차려지고 서둘러 시계를 봤더니 약속 시간 15분 전인 것처럼요. 내면의 의식은 전달받은 정보의 다양한 세부 사항을 분석하고 체계화하고 대조하고 연속적인 순서로 배열할 것이며 정보의 항목들을 추가해 나가기 때문입니다.

여기서 말씀드리고 싶은 것은 당신이 마음속에 담아둔 것은 완전히 잊히지 않는다는 것입니다. 특정한 무엇을 당신은 기억해 내지 못할 수 있지만 그것들이 사라진 것은 아닙니다. 나중에 연관성 있는 다른 사실과 연결되면 그 잃어버린 아이디어가 더 큰 아이디어 속에 잘 맞춰져 나타날 것입니다. 이것이 우리의 내면들이 하는 일입니다.

톰슨의 말이 도움이 될 것입니다. '이 무의식적인 과정의 결과를 기다려야 하는 점을 고려해서 나는 자료를 미리 모아두고 내가 글을 쓸 준비가 될 때까지 그 자료가 스스로 소화되도록 두는 습관을 들였습니다.'

이 잠재의식의 '소화'가 실제로 우리 내면들이 하는 일입니다.

잠재의식에게 일을 시키는 방법은 여러 가지가 있습니다. 많은 사람이 다양한 경험을 이미 갖고 있습니다. 하지만 최선의 방법은 답을 필요로 하는 질문에 대한 명확한 이미지를 갖고 명령하는 것입니다. '이 문제를 해결해줘-답을 찾아줘!'라고 내면에 요구하세요. 조용히 마음속으로 하거나 소리 내어 말해도 됩니다. 어느 쪽이든 상관없습니다.

고용한 직원에게 말하듯이, 당신의 무의식에게도 친절하지만 단호하게 말하세요. 내면의 일꾼들에게 말을 걸고 그들에게 당신의 일을 하라고 단호하게 명령하세요. 그런 다음 그 문제에 대해 의식적으로 잊어버리고 다른 일에 집중하세요. 때가 되면 그 문제를 결정해야 하거나 정보가 필요한 바로 그 순간, 의식 속에 답이 번쩍 떠오를 것입니다.

리처드 하딩 데이비스(Richard Harding Davis)가 쓴 『패배할 수 없는 남자 The Man Who Could Not Lose」를 읽어본 적 있나요? 소설에서 주인공은 경마에 매우 관심이 많습니다. 그는 모든 말의 역사를 완벽히 알기 위해 기록과 분석자료를 연구합니다. 큰 경기 전날, 그는 안락한 의자에 누워 내일 경주를 생각하고 그 생각을 머릿속에 떠올리며 잠이 듭니다. 그의 잠재의식은 자연스럽게 그 생각을 받아들이고 그 결과 정확한 경기 결과를 꿈꾸게 됩니다.

물론 단순한 소설이지만 말의 속도와 체력만으로 경주가 운영된다면 그런 식으로 결과를 예상하는 것이 전적으로 가능할 것입니다. 물론 모든 도박은 또 다른 여러 불운이 넘쳐나지만요.

그러나 데이비스 이야기의 핵심 아이디어는 완전히 옳습니다. 잠재의식과 접촉하고 '내면의 사람'의 도움을 받아 문제 해결이 가능하기 때문입니다. 먼저 문제에 대한 가능한 모든 정보로 마음을 채우세요. 둘째 완벽하게 편안한 상태로 누울 수 있는 의자나 침대를 선택하세요. 셋째 걱정하거나 초조해하지 말고 편안하게 그 문제에 대해 잠시 생각한 다음, '내면의 사람'에게 문제를 넘기고 '이것은 너의 문제야. 너는 무엇이든 할 수 있어. 모든 문제에 답도 알고 있지. 나를 위해 해결해 주겠어!' 라고 말하세요.

그리고 완전히 긴장을 푸세요. 가능하다면 잠을 자세요. 적어도 다른 생각이 당신의 의식을 방해하지 못하도록, 반은 졸고 반은 깨어 있는 상태로 몽상에 빠져보세요. 알라딘이 그랬던 것처럼 당신의 '지니'를 소환하고 명령을 내린 다음, 그가 알아서 처리해 줄 것이라고 확신하고 그 문제를 잊어버리세요. 깨어나면 답을 찾을 수 있을 것입니다!

어떤 생각이든, 잠들기 전 잠재의식 속에 떠오르는 문제가 무엇이든, '내면의 사람'인 '마음속 지니'가 해결해 줄 것입니다.

물론 모든 사람이 첫 번째 또는 두 번째 시도에서 잠재의식에 올바른 생각을 전달하는 데 성공할 수 있는 것은 아닙니다. 수학 문제를 풀 때 수학 원리에 대한 이해와 믿음이 필요한 것처럼 잠재의식에 대한 이해와 믿음이 필요합니다. 하지만 계속 시도하면 당신은 반드시 해낼 수 있습니다. 그리고 그렇게 하면 결과는 확실합니다.

원하는 것이 있다면 먼저 마음속 눈으로 시각화하세요. 가능한 모든 세부 사항을 자세히 떠올리며 당신의 소원이 이뤄졌을 때 겪게 될 모든 과정을, 자신이 겪고 있는 모습으로 상상해 보세요. 마치 실제로 행동하는 것처럼 단계별로 완전한 이야기를 만들어 보세요. 최대한 많은 기쁨과 만족을 얻으세요. 당신에게 주어진 이 선물에 감사하세요. 그런 다음 긴장을 풀고 가능하다면 잠자리에 드세요. 내면의 사람이 당신의 소원을 방해 없이 이뤄줄 수 있도록 기회를 주세요.

잠에서 깨어났을 때 몇 분 동안 다시 즐거운 생각으로 그것을 떠올리세요. 의심과 두려움이 들어오지 않도록 하세요. 당신의 소원이 이뤄지고 있다는 것을 알고 자신 있게 앞으로 나아가세요. 이것을 알고 믿으세요. 세상과 누군가에게 악한 것, 해로운 것이 없다면 '반드시 이뤄질 것입니다!'

　　우주적 마음 어딘가에는 모든 문제에 대한 올바른 해결책이 존재합니다. 문제가 얼마나 거창하고 복잡한지, 얼마나 단순해 보이는지는 중요하지 않습니다. 우주적 마음에는 항상 올바른 해결책이 있습니다. 그리고 이 해결책이 존재하기 때문에 그 해결책이 무엇인지 파악하고 증명할 수 있는 능력도 존재합니다. 당신은 올바른 모든 일을 알 수 있고 할 수 있습니다. 알아야 할 것이 무엇이든, 해야 할 일이 무엇이든, 우주적 마음에 도움을 구하고 그 제안에 따라 행동한다면 당신은 알 수 있고 할 수 있습니다.

　　매일 밤 잠시 이 방법대로 해보면 해결책을 찾지 못할 문제는 없을 것입니다.

그것을 하고 있는 모습을 상상하세요

See Yourself Doing It

대기업은 사람들을 억누르려 한다고 하죠.

사람을 몰아붙이고, 부끄럽게 하기까지 한다고요.

하지만 오늘 나와 함께 가서

뚱뚱한 이사들이 모이는 것을 지켜보세요.

그들이 이렇게 말하는 것을 들어봐요.

"우리의 모든 직원 중에 새 일을 맡길 사람이 없다니!

고용한 천 명 중 어디서 그런 사람을 찾을 수 있을까?"

– 세인트 클레어 아담스 –

과거에도 지금도 중요한 것은 마음의 눈입니다. 내면의 의식을, 잠재의식과 마음을 쓰지 않는 것은 소처럼 단순히 힘만 쓰는 존재에 불과합니다. 하지만 비전을 품으면 미래의 조건과 상황을 한 달 또는 일 년 앞서 시각화할 수 있습니다. 마음의 눈을 가지면 나의 가치나 능력에는 한계가 없습니다.

기관차, 증기선, 자동차, 비행기, 이 모든 것은 실체가 되기 전에 어떤 사람의 상상 속에서 완벽하게 존재했습니다. 부유한 사람들, 큰 인물들, 성공한 사람들은 세상에서 그들의 성공을 얻기 전에 마음의 눈으로 이미 성공을 그렸습니다. 태초부터 어떤 것도 먼저 마음속에서 시각화되지 않고는 물질적인 형태가 만들어지지 않았습니다. 조각가와 석공의 차이는 그들의 작업 뒤에 있는 정신적 이미지에 있을 뿐입니다.

로댕(Rodin)은 자신의 대리석 덩어리를 조각하기 위해 석공들을 고용했습니다. 그것은 단순한 기계적 노동이었습니다. 그리고 거칠게 다듬어진 돌 조각을 직접 다듬어 세기의 명작 '생각하는 사람'을 만들어 냈습니다. 그것이 예술입니다!

차이는 망치와 끌을 다루는 손 뒤의 상상력에 있었습니다. 로댕이 그의 걸작을 완성한 후, 평범한 일꾼들이 조각을 수천 개씩 복제했습니다. 로댕의 작품은 막대한 돈을 벌게 했지만 복제품을 만드는 사람은 일당을 벌었습니다. 창조적인 발상을 구상하고 무언가를 창조하는 것은 큰 수익을 가져오지만 단순한 육체노동은 일당만을 얻을 뿐입니다.

작가이자 교육자인 글렌 클락(Glenn Clark)은 『영혼의 진실한 소망 The Soul's Sincere Desire』에서 '상상력은 인간의 모든 자질 중에 신과 가장 닮은 부면이며 신과 가장 밀접하게 연결해 주는 고리다'라고 했습니다. 인간의 모든 창조적 힘의 원천이자 중심은 바로 상상력인 것입니다. 상상력은 사람을 다른 모든 창조물보다 뛰어나게 하고 지배력을 부여해준 독창성입니다. 이 상상력이 바로 이미지를 만드는 힘입니다.

상상력을 단순히 실재하지 않는 것을 만들어내는 것으로 생각하는 사람이 있지만 그건 공상이지 상상력이 아닙니다. 공상은 실재하는 것을 허구와 가짜로 바꿉니다. 반면, 상상력은 사물의 외관을 통해 그것의 진정한 모습을 보게 해줍니다.

원하는 꿈을 이루게 해주는 매우 실제적인 원인과 결과의 법칙이 있습니다. 그것은 바로 시각화의 법칙입니다. 이 법칙은 내면세계에서 진실한 모든 것을 외부 물질세계로 불러오는 것입니다. 상상력은 당신이 원하는 것을 그려냅니다. 비전은 그것을 이상적인 형태로 바꿉니다. 그것은 현재 있는 것을 넘어서 가능한 것을 구상하게 합니다. 상상력은 당신에게 그림을 제공합니다. 비전은 그 그림을 당신의 것으로 만들고자 하는 충동을 줍니다.

당신의 마음에 이미지를 충분히 명확하게 만들고 모든 세부 사항을 생생하게 그려보세요. 그러면 마음속 지니가 그것을 가장 빠른 방식으로 현실로 만들어줄 것입니다. 이 법칙은 인생의 모든 것에 적용됩니다. 시각화를 통해 실현할 수 없는 정당한 욕망은 없습니다.

가령, 당신이 회사의 총괄 관리자 자리를 원한다고 가정해봅시다. 현재 자신이 총괄 관리자의 의자에 앉아 있는 모습을 상상하세요. 그 문에 당신의 이름이 적혀 있는 모습을 보세요. 그 업무를 당신이 처리하는 모습을 상상하세요. 그 이미지를 잠재의식에 깊이 새겨넣으세요. 그것을 보세요! 실제로 그렇게 된다는 걸 확신하면서 꿈과 연결돼 있는 '지금 마땅히 해야할 그 행동'을 하세요!

마음속 지니가 그것을 현실로 만들어줄 방법을 찾을 것입니다. 성공적인 시각화의 핵심은 바로 이런 것입니다. 현재의 모습을 보는 대신, 원하는 대로의 모습을 보세요. 눈을 감고 명확한 정신적 이미지를 만드세요. 그 이미지들이 실제 생활에서처럼 보이고 행동하게 만드세요. 목적이 있는 상상을 하라는 것입니다. 다른 모든 생각을 배제하고 하나의 아이디어에 집중하세요. 그 아이디어가 실현될 때까지 계속 집중하세요. 그리고 바람과 일치된 행동을 하세요. 당신이 꿈이 이뤄질 수 있는 행동을 했기 때문에 꿈이 이뤄지는 게 아닙니다. 열심히 한 모두가 성공하지 못하는 이유가 바로 이것입니다. 사람은 너무 많은 복잡성과 다양성이 펼쳐진 세상에 살고 있고 그 많은 요소는 열심히 일한 누군가의 행동을 억누르고 무너뜨리기 일쑤입니다. 자신이 원하는 것이 내 힘만으로, 내 행동만으로, 내 의지만으로 이뤄진다면 아주 작은 부분 밖에 성공하지 못합니다. 그러나 우리는 위대한 성공, 내가 감히 꿈꾸지 못할 정도의 성공을 원하지 않습니까? 그렇기에 잠재의식이 우주의 지성과 연결돼 그것을 이루게 해야 합니다. 당신이 할 수 있는 행동을 하세요. 그리고 그 행동의 끝에 다다르기 원하는 꿈을 계속 내면에 그리세요. 작은 행동으로 원대한 꿈이 이뤄질 수 있던 모든 이유는 오직 이것입니다.

자동차를 원하나요? 집을 원하나요? 공장을 원하나요? 이 모든 것들은 같은 방식으로 얻을 수 있습니다. 본질적으로 이 모든 것은 마음의 아이디어입니다. 그것들을 먼저 마음속에서 하나하나, 모든 세부 사항을 완벽하게 쌓아 올리면 마음속 지니가 물질세계에서도 비슷하게 쌓아 올릴 수 있습니다. 이제 그것과 일치된 행동을 해 나가면서 어떻게 내가 상상한 원대한 포부가 모두 이뤄지는지 확인하십시오.

미국의 심리학자 C. W. 챔벌레인(C. W. Chamberlain)은 『응용 심리학의 특별한 지혜 The Uncommon Sense of Applied Psychology』에서 '정신적 이미지로 시작된 대륙 횡단 철도건설이라는 엄청난 결과는 시각화를 하지 않는 평범한 사람에게는 불가능한 것처럼 느껴질 수 있다'고 말합니다. 사실, 성취하는 것과 완벽한 정신적 이미지는 적절한 자리에서 맞아떨어지는 수백만 개의 작은 일들로 이뤄져 있습니다. 마치 고층 빌딩이 개별 벽돌들로 이어져 만들어지는 것과 같습니다. 각 벽돌을 쌓는 것은 단순한 작업이지만 다음 벽돌을 쌓기 전에 반드시 완료돼야 할 일입니다.

모든 일, 모든 공부에서도 마찬가지입니다. 심리학의 아버지로 불리는 윌리엄 제임스(William James) 교수는 이렇게 말합니다. "여러 잔의 술을 마시면 만성적인 술고래가 되는 것처럼, 수많은 개별적인 행동과 작업 시간을 통해 도덕적으로 훌륭한 사람이 되고, 실용적이고 과학적인 영역에서 권위자와 전문가가 됩니다. 그러니 성실하게 자신이 선택한 학습을 계속해 온 젊은이라면 그 학습결과에 전혀 불안해하지 않아도 됩니다.

만약 매시간 성실하게 일에 몰두한다면 최종 결과는 저절로 따라올 것입니다. 어느 날 문득 자신이 속한 세대에서 능력 있는 사람들 중 하나가 돼 있음을 깨닫게 될 것입니다. 젊은이들은 이 진리를 미리 알아야 합니다. 이 사실을 모르는 것이 좌절과 낙심의 주요 원인일 것입니다."

한계를 만드는 건 당신 뿐

기억하세요, 당신의 능력에 한계를 두는 것은 오직 당신 자신뿐입니다. 제한의 법칙은 이 지구와 우주 전체에 존재하지 않습니다. 유일하게 존재하는 법칙은 공급의 법칙 뿐입니다. 잠재의식을 통해 원하는 모든 것을 우주의 공급으로부터 끌어낼 수 있습니다. 우주적 마음의 아이디어는 해변의 모래알처럼 무수히 많습니다. 그것들을 사용하세요. 그리고 그것들이 이미 주어진 것처럼 풍부하게 사용하세요.

제시 벨 리튼하우스(Jessie Belle Rittenhouse)의 시, 〈나의 임금 My Wage〉에서는 대부분의 사람이 스스로에게 제한하는 한계를 매우 잘 묘사하고 있습니다.

나는 내 삶을 1페니에 거래했어요.

그리고 삶은 더 이상 돈을 주지 않았죠.

…

삶은 공정한 고용주입니다.

삶은 당신이 요구한 것을 줍니다.

하지만 일단 임금을 정하면

그 임무를 감당해야 합니다.

저는 하찮은 대가를 위해 일했습니다.

그것이 실망스러움을 배운 후에야,

삶에게 어떤 임금을 요구했든

지급했을 것이라는 것을 알게 되었습니다.

높이 목표를 설정하세요! 달을 놓치더라도 별에 닿을 수 있습니다. 모든 사람이 이 세상과 광대한 천체가 어떤 우주적 마음에 의해 무형의 혼돈에서 형태를 갖추게 됐다는 것을 인정합니다. 그 우주적 마음은 지금 이 순간에도 세상을 다스리고 있습니다. 모든 생명체가 완벽하게 성장하는 데 필요한 것을 끌어당길 수 있는 능력을 부여받았습니다. 따라서 의식 없이도 나무, 식물, 동물 같은 생명체는 자신의 필요를 충족시킬 수 있습니다.

하지만 당신은 그 이상의 존재입니다. 당신은 지적이고 이성적인 존재입니다. 당신의 내면과 잠재의식은 이 창조의 무한한 힘을 가진 우주적 마음의 일부입니다. 그리고 당신은 완벽한 성장을 위해 필요한 것을 말할 수 있는 힘을 갖고 있습니다.

자신에게 인색하지 마세요. 자신을 헐값에 팔지 마세요. 당신이 스스로 정한 가치를 삶이 줄 것입니다. 그러니 높이 목표를 설정하세요. 많은 것을 요구하세요! 원하는 것을 명확하고 구체적으로 마음속에 그리세요. 그것을 마음속에 간직하세요. 상상하고, 보고, 믿으세요! 그 욕망을 충족시키는 방법과 수단은 따라올 것입니다. 공급은 항상 요구의 뒤를 따르기 때문입니다.

이렇게 함으로써 자신의 운명을 우연의 손에서 벗어나게 합시다. 이렇게 함으로써 인생에서 겪게 될 경험을 통제할 수 있습니다. 원하는 것만 시각화하도록 하세요. 법칙은 양방향으로 작용합니다. 염려와 두려움을 시각화하면 그것들을 현실로 만들게 됩니다. 생각을 통제하면 상황을 통제할 수 있습니다. 상황은 당신이 만드는 대로 될 것입니다.

우리 대부분은 기계의 2/3가 가동되지 않는 공장과 같습니다. 일꾼들은 기운 없고 무기력하게 움직이며 공장장이 지켜보고 지시할 때 할 수 있는 일의 10분의 1만을 하고 있습니다. 그걸 알면서도 공장장은 아무것도 하지 않고 꿈을 꾸거나 무언가 일어나기를 기다리고 있습니다. 그가 필요한 것은 무기력한 일꾼들과 가동되지 않는 기계를 지적해 주고 각 기계를 최대한으로, 심지어 초과 근무까지 할 수 있도록 가동하는 방법을 보여주는 사람입니다.

바로 이런 것들이 당신에게도 필요한 것입니다. 당신은 자기 능력의 10분의 1만 발휘하고 있습니다. 할 수 있는 일의 10분의 1만 하고 있습니다. 이제 덧없이 바라는 시간이나 걱정하는 시간은 잠재의식에게 지시하여 원하는 좋은 것을 가져오는 데 사용하십시오.

알렉산더(Alexander) 대왕의 아버지 마케도니아의 필립(Philip) 왕은 팔랑스(phalanx)라는 전투 대형을 완성했습니다. 이 대형은 병사들이 밀집해 창과 방패로 삼각형 모양의 대열을 만드는 방식으로 한 지점에 모든 공격을 집중시킬 수 있었습니다. 이 대형은 그 당시에는 무적이었고 어떤 적도 뚫고 나갈 수 있었습니다. 이 아이디어는 오늘날에도 여전히 무적입니다. 한 가지 생각을 마음에 품고 그것이 단계별로 실행되는 것을 시각화하면, 어떤 일꾼 그룹이든 하나의 집단으로 결속시킬 수 있습니다. 어떤 일이든 해낼 수 있습니다. 어떤 확고한 아이디어든 성취할 수 있습니다. 그 정신적인 이미지를 항상 마음에 간직하면 그것을 옛날 필립왕의 팔랑스처럼 무적이 되게 할 수 있습니다.

승리를 가져오는 것은 총이나 무기
또는 그들이 지불할 수 있는 돈이 아니라,
긴밀한 협력입니다.
개개인이 아니고, 군대 전체도 아니며
모든 구성원의 끊임없는 팀워크입니다.

– 제이 메이슨 녹스 –

시대의 오류는 인류가 마음의 힘을 제한하려는 경향이나 필요할 때 도움을 줄 마음의 의지를 제한하는 것입니다. 나 자신이 모든 힘의 원천과 하나이며 조각이란 사실을 우리 대부분이 알지 못합니다. 안다고 헤도 체로키 보호구역에 사는 인디언 가족과 다를 게 없이 사용합니다.

그들의 땅에서 석유가 발견됐고 돈이 쏟아져 들어오면서 그들이 이전 세상에서 본 어떤 규모의 돈보다도 더 많은 돈이 그곳으로 모여들었습니다. 누군가 그들에게 집을 짓고 아름답고 화려하게 꾸미고 장식하라고 설득했습니다. 집이 완성되자 사람들은 모두 그들을 부러워했으며 이내 그 지역의 명소 중 하나가 되었습니다. 그러나 그들은 자신들의 화려한 집을 매우 자랑스러워하면서 여전히 자신들의 낡고 오래된 흙집에서 살았습니다!

우리 중 많은 사람도 마찬가지입니다. 우리는 자신이 우주의 실체와 하나이며 원하는 것을 이룰 내면의 잠재적 힘이 있다는 걸 좋아합니다. 그러나 결코 그 사실에 따라 살지 않으며 현실의 지배권을 가진 주인임을 주장하지 않습니다. 오히려 자신에게 주어진 힘을 절대 이용하지 않는 경우도 많습니다.

위대한 옛 예언자들은 앞을 내다보는 시각을 갖고 있었습니다.

현재의 세상은 고통에서 벗어나기 위해 물질적인 것과 물질주의 철학에 헛되이 의지해 왔습니다. 그러나 미래에 실제하는 진보가 이뤄질 유일한 길은 정신적인 영역에서 이뤄질 것입니다. 이 진보는 인간의 추측과 이론이 아니라 우주적이고 무한한 마음의 실질적인 실천에 있을 것입니다.

오늘날 세상은 신성한 지성의 광대한 영역의 문 앞에 서 있습니다. 그 안에는 모든 것을 초월하는 마음의 실질적이고 실용적인 힘이 존재합니다.

눈으로 본 적 없고

귀로 들은 적 없으며

사람이 상상하지 못한 것-

그를 사랑하는 사람들을 위해

신이 준비한 모든 것.

더 이상 무슨 말이 필요합니까?

As A Man Thinketh

이 삶의 치료법이 하늘에 있다고 믿지만,

사실은 우리 자신에게 있습니다.

– 셰익스피어 –

우리의 선조들이 살던 시대에는 마녀들이 밤에 날아다니며 저주를 내린다고 믿었습니다. 그 저주에 걸린 불운한 사람들은 건강과 병, 행운과 고통을 주는 영향력이 자신들 밖에 있다고 생각했습니다. 현재의 우리는 그런 어리석은 미신을 비웃습니다.

하지만 현대에도 자신들이 보는 것들이 단지 결과에 불과하다는 것을 아는 사람은 거의 없습니다. 그 결과를 가져오는 원인에 대해 아는 사람은 더더욱 적습니다. 모든 인간의 경험은 결과입니다. 인간은 웃고, 울고, 기뻐하고, 슬퍼하고, 고통받고 행복해 합니다. 이 모든 것은 원인이 있고 그 원인은 쉽게 추적이 가능합니다.

그렇다고 삶의 모든 경험이 원인을 추적할 수 있는 것은 아닙니다. 우리는 노후를 위해 돈을 저축합니다. 은행이나 안전한 채권에 돈을 넣습니다. 그런데 은행이 파산하거나 철도 회사나 기업이 파산합니다. 사고의 위험을 피하기 위해 휴일에 집에 머물다가 사다리에서 떨어지거나 계단에서 넘어져서 다리가 부러집니다. 위험을 피하려고 천천히 운전하다가 뒤에서 달려오는 빠른 차에 의해 도랑으로 밀려납니다. 어떤 사람은 배를 타고 나이아가라 폭포를 넘어도 무사하고도 바나나 껍질에 미끄러져 다리가 부러지고 결국 그로 인해 죽습니다.

이 모든 불행의 원인은 무엇일까요? 우리가 그것을 찾고 통제할 수 있다면 결과도 통제할 수 있지 않을까요? 그러면 더 이상 운명의 농락을 당하지 않을 것입니다. 물질이 우리의 주인이 되는 삶의 개념을 초월할 수 있을 것입니다. 답은 하나뿐입니다. 외부 세계는 내부 세계의 반영이라는 것입니다. 부정적인 생각을 잠재의식에 심어둔 것 뿐인데 내면은 잠재의식과 연결돼 있어서 그 힘으로 어떻게든 방법을 찾습니다. 그것이 집에 있든, 지구 반대편에 있든, 도로 위에 있든, 모든 가능한 예방 조치를 취하는 것과 상관없이 찾습니다. 중요한 것은 내면에 쌓이는 정신적인 개념입니다. 그것이 좋든, 나쁘든, 그것은 느끼고 담아 놓는 방식대로 해롭거나 유익한 힘이 될 수 있습니다. 영국의 소설가 새커리(Thackeray)의 말을 빌리면 '세상은 거울과 같아서 각 사람에게 그의 생각을 반영해 돌려준다'고 했습니다.

물질은 실제로 존재하는 실체가 아닙니다. 현대물리학은 물질이 자연적으로 영원히 존재하지 않는다는 것을 보여줍니다. 1925년 8월 8일, 화학자 윌리스 R. 휘트니 박사(Dr. Willis R. Whitney)는 미국 화학 학회에서 '물질-그 안에 무엇이 있는가?(Matter-Is There Anything In It?)'라는 주제로 연설하면서 '우리가 물질에 대해 아는 가장 큰 사실은 그것이 거의 전적으로 공간이라는 것입니다. 그것은 하늘만큼이나 비어 있습니다. 그것은 완벽한 진공에 가깝게 비어 있지만 많은 에너지가 포함돼 있습니다.'라고 말했습니다. 이 모든 물질을 포괄하는 유일한 힘입니다. 극성이 전자를, 중력이 행성을, 트로피즘(tropism, 식물이나 하등 동물이 자극에 반응하여 일정한 방향으로 성장하거나 움직이는 현상)이 식물과 하등 동물을 통제하는 것처럼, 생각은 인간의 행동과 환경을 통제합니다. 그리고 생각은 전적으로 마음의 통제에 달려 있습니다. 그 방향은 우리에게 달려 있습니다.

"외부의 어떤 힘도 나를 지배할 수 없다."고 했던 미국을 대표하는 시인 월트 휘트먼(Walt Whitman)의 말은 옳았습니다. 물질세계에서 일어나는 일들은 그 자체로는 즐겁지도 슬프지도 않습니다. 우리가 관찰하지 않으면 색깔이 녹색도 빨간색도 아닌 것처럼 말입니다. 그렇게 만드는 것은 우리의 생각입니다. 그리고 그 생각을 원하는 대로 색칠할 수 있습니다. 외부 세계를 내부 세계의 반영으로 만들 수 있습니다. 우리는 물질을 전적으로 마음의 통제에 따르는 힘으로 만들 수 있습니다.

당신은 과거의 경험을 바꿀 수는 없지만 새로운 경험이 어떻게 될지 결정할 수는 있습니다. 다가오는 날을 우리가 원하는 대로 만들 수 있습니다. 오늘의 생각이 내일의 내가 될 수 있습니다. 생각은 원인이 되고 상황은 결과가 되기 때문입니다.

인생에서 대부분의 실패 원인은 먼저 실패를 생각했기 때문입니다. 경쟁, 어려움, 두려움과 걱정이 그들의 자신감을 무너뜨리도록 내버려 둔 것입니다. 적극적으로 나아가고 돈을 벌기 위해 투자하기보다 모든 지출을 멈추고 안전하려고 한 것입니다. 하지만 '강한 공격이 최상의 방어'라는 말은 전쟁에서만 적용되는 것이 아닙니다.

보상의 법칙은 언제나 작용합니다. 사람은 운명의 변덕에 좌우되지 않습니다. 사람은 자신의 운명을 만듭니다. '마음으로 생각하는 대로 된다'는 말처럼 우리는 과거의 생각이 만들어낸 존재입니다. 과거의 생각이 우리에게 끌어들인 것들이 더해져 지금의 자신이 된 것입니다. 성공한 사람은 실패를 생각할 시간이 없습니다. 그는 새로운 성공 방법을 생각하느라 바쁘기 때문입니다.

당신 주변에는 전자 에너지가 가득합니다. 이 에너지는 당신이 가진 모든 물질을 구성하는 것과 똑같습니다. 차이점은 주변의 느슨한 에너지는 아직 활용되지 않았다는 것입니다. 그것은 아직 발견되지 않고 소유되지 않은 순금과 같습니다. 당신은 이 에너지를 원하는 무엇이든 생각으로 만들 수 있습니다. 금이나 쓰레기로, 건강이나 질병으로, 강함이나 약함으로, 성공이나 실패로 만들 수 있습니다. 무엇을 선택하시겠습니까?

최고의 극작가 셰익스피어(Shakespeare)는 '좋고 나쁜 것은 없다. 생각이 그렇게 만들 뿐이다'라고 말했습니다. 이 법칙을 이해하면 모든 다른 법칙을 통제할 수 있게 됩니다. 이 법칙에는 모든 병을 치유하고 모든 욕구를 충족시키는 만병통치약이 있습니다. 이것은 창조적 마음이 인간의 자유를 위해 마련한 것입니다.

사람은 건강하거나 건강하지 않거나, 행복하거나 불행하거나, 강하거나 약하거나, 삶과 죽음, 질병과 약함에 대해 생각하는 비율에 따라 몸의 상태도 달라집니다. 몸도 다른 모든 물질과 마찬가지로 마음이 믿고 있는 것을 나타냅니다. 일반적으로 성격이 괴팍한 사람이나 불평, 불만이 많은 사람은 나이들수록 점점 거친 외모를 갖게 됩니다. 온화한 성격을 가진 사람은 미소 짓고 평온한 얼굴을 가집니다. 인간의 다른 모든 기관도 생각에 따라 동일하게 반응하는 것입니다.

분노로 얼굴이 빨개지거나 두려움으로 얼굴이 하얗게 되는 것을 본 적이 있겠지요? 자주 화를 내던 사람이 심각한 병에 걸린 경우도 봤을 것입니다. 두려움, 짜증, 증오가 얼굴을 일그러뜨리는 것처럼 의사들은 그런 심리적 반응이 심장, 위, 간도 일그러뜨린다고 말합니다. 고양이가 만족스럽게 그렁거릴 때는 소화 기관이 완벽하게 기능하지만, 방에 개가 들어오자 두려움과 분노로 뒷걸음질 칩니다. 그러자 X-레이 결과 소화 기관이 마치 매듭이 묶인 것처럼 꼬이는 걸 확인한 실험도 이를 증명합니다.

같은 것을 봐도 똑같이 보지 않는다는 것은 보편적인 사실입니다. 생각은 원인입니다. 상황은 단지 결과일 뿐입니다. 그러니 마음에 둔 목표를 향해 생각을 단호하게 맞춰서 나 자신과 주변 환경이 변화하도록 만들어 낼 수 있습니다. 동물은 온도, 기후, 계절적 조건에 매우 명확하게 통제되지만, 인간은 어떤 적당한 온도나 조건에도 자신을 맞출 수 있습니다. 인간만이 원인과 결과의 관계를 이해함으로써 자유로울 수 있습니다. 그리고 마음만이 유일한 원인이고 보이는 것이 결과라는 완전한 이해를 통해, 모든 물질적 원인으로부터 최종적인 자유를 얻을 수 있습니다.

한 재능 있는 작가는 이렇게 말했습니다. "현대인들은 내면의 생각과 감정을 통제하는 것에 익숙하지 않습니다. 우연히 마음에 떠오른 생각에 사로잡히는 것은 흔히 피할 수 없는 일입니다. 다가오는 재앙의 이미지는 분명히 불쾌하지만, 그 불쾌함 때문에 오히려 더 끈질기게 마음을 괴롭히고 그것을 몰아내는 것은 소용없다고 생각합니다."

당신도 그렇게 생각하나요? 그러나 이것은 모든 시대의 유산을 물려받은 인간이 처한 어리석은 상황입니다. 자신의 머릿속에서 만들어낸 허황된 것들에 시달리는 것은 말이 안 됩니다. 부츠 안에 작은 돌멩이가 나를 괴롭히면 부츠를 벗고 돌멩이를 털어 내면 됩니다. 마음속에 들어온 불쾌한 생각을 몰아내는 것도 그만큼 쉽습니다. 이에 대해서는 혼란이나 다른 의견이 있을 수 없습니다. 이 문제는 명백하고 분명하며 확실합니다.

마음에서 불쾌한 생각을 몰아내는 것은 신발에서 돌멩이를 털어내는 것만큼 쉽습니다. 나쁜 생각을 계속하도록 두는 것은 환상에 시달리는 노예에 불과한 존재로 자신을 떨어뜨리는 것입니다. 많은 사람들, 특히 부유한 사람들조차 이 부분에서 통제를 거의 하지 못하고 있습니다. 진정한 주체적인 사람을 찾는 것은 매우 드물지만 압제적인 생각이나 걱정, 욕망에 시달리며 움츠러드는 사람들은 아주 흔하기 때문입니다.

명상과 마음챙김에서는 생각을 중단하거나 필요할 때 그 자리에서 없애는 능력을 반드시 길러야 한다고 가르칩니다. 이 기술은 연습이 필요하지만 다른 기술처럼 일단 습득하면 더 이상 신비롭거나 어렵지 않습니다. 이 기술은(명상, 마음챙김) 연습할 가치가 있습니다. 이 기술을 습득하면 비로소 진짜 삶이 시작된다고도 말할 수 있습니다. 왜냐하면 개별적인 생각에 지배당하는 대신, 수 많은 다양한 생각들을 원하는 대로 지시하고 사용할 수 있게 되기 때문입니다. 삶이 이전과 비교할 수 없을 만큼 커지고 위대해지기 때문입니다. 이전의 삶은 거의 태어나기 전의 상태처럼 보일 것입니다.

만약 당신이 생각을 없앨 수 있다면 내면의 모든 작용을 완전히 끊어낼 수 있습니다. 그래서 이 능력이 매우 귀중한 것입니다. 이 능력은 사람을 정신적 고통에서 해방시킬 뿐만 아니라(정신적 고통은 삶에서 겪는 모든 고통의 최소 90%를 차지합니다), 이전에는 전혀 알지 못했던 집중된 정신작업 능력을 제공해 줄 수 있기 때문입니다. 쓸데없고 반복적인 생각을 멈추는 일과 고요한 내면을 사용하는 이 두가지 훈련은 정신의 완벽한 보완입니다.

물질에는 지능이 없습니다. 그 물질이 돌, 철, 나무, 또는 살의 형태로 이뤄진 전자 에너지이든 상관없습니다. 모든 물질은 에너지로 이뤄져 있으며 마음이 모든 물질을 만드는 원료입니다. 마음만이 유일한 지능입니다. 내면의 힘과 잠재의식으로 연결된 마음만이 영원하며 우주 최상의 존재와 연결된 힘입니다. 이것을 완전히 이해하면 더 이상 두려워할 이유가 없습니다. 왜냐하면 우주정신이 생명의 창조자이며 죽음은 실재가 아니라 단지 생명의 부재일 뿐이라는 사실을 깨닫게 될 것입니다.

지구의 여러 생명체가 '아주 어두운 곳을 발견했다'고 태양에게 말하는 옛날 동화가 있습니다. 그곳은 매우 깜깜한 장소였으며 얼마나 어두웠는지 매우 흥분한 상태로 태양에게 이야기했습니다. 태양은 그곳을 찾아갔습니다. 그들이 묘사한 정확한 장소로 갔습니다. 그리고 모든 곳을 찾았습니다. 그러나 작은 어두운 점조차 찾을 수 없었습니다. 태양은 지구의 생명체에게 돌아와서 그 어떤 어두운 장소도 없다고 말했습니다.

그렇습니다. '이해'라는 이름의 태양이 우리 삶의 어두운 부분을 비추면 선(善) 외에는 원인도, 창조자도, 힘도 없으며, 악(惡)은 실체가 아니라 단지 선의 부재가 될 뿐입니다. 악한 원인이 없으므로 오직 선만이 현실이거나 힘을 가질 것입니다. 시작도 끝도 없습니다. 그것에는 온 인류를 위한 축복만이 있을 수 있습니다. 그 안에는 어떤 문제도 없습니다. 만약 신(또는 선, 이 둘은 동의어)이 유일한 원인이라면 결과도 역시 원인과 같을 수밖에 없습니다.

이 글을 수동적으로 읽는 것에 만족하지 마세요. 사용하세요! 연습하세요! 정신의 발달은 신체 운동보다 더 많은 연습이 필요합니다. 올바른 사고를 위해 매일 열두 번이라도 연습 하세요. 매일 꾸준히 올바르게 생각하는 연습을 통해 마음을 훈련하세요. 당신의 마음을 확장해서 얼마나 멀리까지 도달할 수 있는지, 어떤 무한한 비전을 가질 수 있는지 깨달으세요. 병, 낙담, 실패, 걱정, 두려움 같은 오래된 생각들을 모두 내뱉으세요. 무한한 건강과 힘, 무한한 행복과 성공이라는 깊고 긴 호흡(생각)을 들이마시세요. 항상 더 나은 것을 기대하며 앞으로 나아가세요. 더 나은 건강, 더 나은 체격, 더 큰 행복, 더 큰 성공을 바라보세요. 이러한 정신적 호흡 운동을 매일 연습하세요.

생각을 얼마나 쉽게 조절할 수 있는지 보세요. 좋은 효과가 얼마나 빨리 나타나는지 보게 될 것입니다. 항상 내면에, 생각에 연결돼 있어야 합니다. 어차피 마음은 계속 작동할 것입니다. 그리고 계속해서 좋은 것이든 나쁜 것이든 형성될 것입니다. 그러니 당신을 괴롭혀왔던 두려움, 걱정, 질병, 부족함에 대한 모든 생각을 내뱉고 실현되기를 원하는 생각만 들이마시도록 하세요.

자연이 존재하는 한 무한의 힘도 계속된다

The Law of Supply

그들은 내가 더 이상 오지 않는다고 불평하지만

문을 두드릴 때마다 당신은 안에 없었다.

나는 매일 너의 문밖에 서서,

일어나 싸우고 승리하라고 너를 깨웠다.

소중한 기회가 가버렸다고 안타까워하지 말라!

황금시대가 사라져간다고 한탄하지 마라!

나는 매일 밤 이전의 기록을 불태운다.

해가 뜨면 모든 영혼은 다시 태어나리라!

– 월터 말론 –

경주를 하거나, 장기간 최대치의 능력을 발휘해 일하거나, 장거리 수영을 해본 적이 있나요? 시작한 지 얼마 되지 않아 피곤함을 느꼈던 기억이 있나요? 도착 전에 자신의 한계에 도달했다고 생각했던 기억이 있나요?

하지만 계속 달리다 보면 원기가 회복되고 사라지면서 오히려 근육에 에너지가 샘솟고 속도와 계속 할 수 있겠다는 지구력으로 가득 찼던 기억이 있나요?

의식으로 살아가는 나라는 사람은 전혀 알지 못하는 고요함의 실체의 내면의 존재가 있습니다. 그 내면의 존재와 연결된 잠재의식에는 엄청난 힘이 무한하게 저장돼 있습니다. 이것을 알지 못하는 대다수의 사람은 저단 기어로 자동차를 운전하는 것 같은 방식으로 살고 있어서 레버를 한 번만 바꾸면, 기어를 전환해서 속도를 높일 뿐만 아니라 훨씬 적은 에너지로도 삶을 운영할 수 있다는 사실을 모른 채 살고 있습니다.

우주의 법칙은 공급의 법칙입니다. 주변에서도 이것들을 볼 수 있습니다. 자연은 모든 일에 아낌없이 베풀고 있습니다. 밤하늘을 보세요. 수백만 개의 별들이 있습니다. 그 별 중에는 수많은 세계와 태양이 있습니다. 이런 것들을 상상해 낼 수 있는 마음에는 결코 부에 대한 부족이나 한계가 없습니다. 주변의 식물을 보세요. 자연은 관목이나 나무가 성장하고 생존하는 데 필요한 모든 것을 제공합니다. 새와 야생 동물, 파충류와 곤충, 바다의 물고기들을 보세요. 자연은 이 모든 생명체에게 필요한 것을 충분히 공급합니다.

　　자연은 그들이 필요로 하는 모든 것을 풍부하게 공급합니다. 그들은 자연이 아낌없이 내주는 것을 받아들이기만 하면 됩니다. 세계의 모든 천연자원을 보세요. 석탄, 철, 석유, 그리고 모든 금속이 모든 이가 누릴 만큼 충분히 있습니다. 우리는 석탄과 석유자원이 고갈될 거라는 말을 많이 듣지만 인류가 수천 년 동안 사용할 수 있는 석탄이 아직 많이 남아 있습니다. 사실상 손대지 않은 거대한 유전이 있으며 아마도 더 큰 유전이 발견될 것입니다.

　　설사, 이 모든 자원이 고갈돼도 퇴적암에서 추출한 석유가 수많은 해 동안 세계에 공급될 것입니다. 이 석유는 기존의 유전에서 나오는 석유가 아닌, 암석 내에 함유된 유기물질을 가열해 얻는 석유입니다. 이 방법을 통해 우리는 여전히 오랫동안 에너지 자원을 확보할 수 있습니다.

　　모두에게 풍부한 자원이 있습니다. 그러나 자연의 공급 법칙을 실현하기 위해서는 마치 운동 중 피로를 극복하고 다시 힘을 얻기 위해 노력하듯이, 반드시 열심히 노력해야 합니다.

세상은 당신의 것

The World Belongs to You

이 힘은 당신의 권리입니다. 이 힘은 단지 생계를 넘어 당신이 원하는 모든 좋은 것을 제공할 의무가 있습니다. 그러나 요구해야 합니다. 두려움 없이, 망설임 없이, 멈추지 않고 나아가야 합니다. 콜럼버스처럼 믿음을 가져야 합니다. 그는 미지의 바다를 건너며 반란의 선원들을 끝까지 이끌었습니다. 새로운 대륙을 세상에 선사했습니다. 워싱턴처럼 믿음을 가져야 합니다. 그는 패배하고 신뢰를 잃었지만 모든 역경에도 굳건히 버텼습니다. 결국 미국에 새로운 자유를 가져다주었습니다. 주눅 들지 말고 당당히 지배해야 합니다. 공급의 법칙을 사용해야 합니다.

백합이 어떻게 자라는지 생각해 보십시오. 꽃들, 새들, 모든 창조물은 끊임없이 활동하고 있습니다. 나무와 꽃들은 계속 자라나고 새들과 야생 동물들은 둥지를 짓고 먹이를 찾으면서 항상 일하고 있습니다. 하지만 걱정하지 않습니다. 꽃과 나무와 새와 동물처럼 인간도 걱정을 포기하고 열심히 일하면서 결과를 불안해하지 않는다면, 그것은 인류의 새로운 시대, 속박에서 대자유의 시대로의 전환을 의미할 것입니다. 그러므로 내일을 위해 걱정하지 마십시오. 무엇을 먹을

지, 무엇을 입을지 염려하지 마십시오. 먼저 행동하십시오. 그러면 이 모든 것이 더해질 것입니다.

그렇다면 '신의 나라'란 무엇을 의미할까요? 그것은 마음, 내면, 잠재의식과 하나로 연결된 우주적 마음입니다. 모든 인간의 내면에도 바로 이 신성이 깃들어 있는 것입니다. 그러니 먼저 내 안에 있는 이 힘을 이해하고 그것이 깨어나게 하는 방법을 배우십시오. 먼저 이해하고 깨닫고 찾으십시오. 그러면 이 모든 것이 더해질 것입니다.

모든 부는 마음에서 시작됩니다. 부는 돈이 아닌 창조적인 생각에 있습니다. 돈은 단지 아이디어를 교환하는 물질적 매개체일 뿐입니다. 주머니 속의 지폐는 그 자체로는 별 가치가 없습니다. 지폐에 가치를 부여하는 것은 그 뒤에 있는 생각입니다. 공장 건물, 기계, 재료는 제조나 판매에 관한 생각이 없으면 그 자체로는 아무런 가치가 없습니다. 얼마나 자주 공장이 문을 닫고 기계가 녹슬어 버리는 것을 보았습니까? 그것들은 그 뒤에 있는 창조적 생각이 사라졌기 때문입니다. 공장과 기계는 단순히 무역의 도구일 뿐입니다. 그것들을 움직이게 하는 것은 그 뒤에 있는 창조적 생각입니다.

그러니 부를 찾으러 밖으로 나가지 마십시오. 오히려 창조적인 발상을 계속하기 위해 자신 내면을 들여다보세요! 신의 나라는 당신 안에 있습니다. 이를 목적 있게 사용하십시오! 건설적으로 생각하기 위해 사용하세요. 단지 어디선가 봤던, 이미 존재하는 것만을 원하지 마세요. 한 번도 보지 못한, 마음에서 원하는 것을 새롭게 창조하고 그것을 떠올리십시오. 신사상 운동의 개척자인 작가 테론 큐. 듀몬 (Theron Q. Dumont)이 『마스터 마인드 The Master Mind』에서 말했 듯, "사람들은 단순히 기억의 흐름을, 의식의 장을 통해 강둑에 서서 지켜보는 것뿐이다. 그들은 이것을 생각이라고 부르지만 실제로는 어떤 사고 과정도 진행되지 않는다."라고 했습니다. 그렇습니다. 산 속 오두막 옆 그늘에 앉아 있는 늙은 산골 사람이 되지 마십시오. 사 람들이 그에게 오랜 시간을 어떻게 보내는지 물었을 때 그는 "가끔은 앉아서 생각하고, 가끔은 그냥 앉아 있다."고 대답했습니다. 당신도 이렇게 행동할 것입니까?

듀몬은 이렇게 덧붙입니다. "생각한다는 것은, 목적을 갖고 문제 를 해결하기 위해 생각하는 것을 의미합니다. 어떤 진로를 결정하거 나 인생의 과업을 선택할 때, 어쩌면 수학 문제를 해결해야 했을 때, 또는 대학에서 심리학을 공부할 때 강요되었던 종류의 생각을 의미 합니다. 이것은 여기저기서 잡다한 의견을 갖는 '생각'이 아니라 완전 히 몰입하고 집중하는 생각을 의미하는 것입니다."

신의 나라는 생각의 나라, 성취의 나라, 건강의 나라, 행복과 번 영의 나라입니다. 그러나 당신은 그것을 찾아야 합니다. 단순히 고민하는 것 이상의 일을 해야 합니다. 새로운 세계, 새로운 방법, 새로운 필요를 발견할 방법을 찾기 위해 건설적으로 생각하고 일치된 행동을 해야 합니다. 가장 위대한 발견들은 한 사람이 '주목한' 것에서 생겨났습니다. 엄청난 행운은 그자리에 계속 있었지만 단 한 사람이 '포착한' 기회에서 만들어졌습니다.

왜 수많은 남성과 여성이 가난과 비참함, 병과 절망 속에서 살아가고 있을까요? 왜 그럴까요? 주로 그들이 가난을 두려워함으로써 그것을 현실로 만들기 때문입니다. 그들은 가난, 비참함, 질병을 시각화시각화했고 그로부터 그것들을 현실로 만들었기 때문입니다. 그들이 공급의 법칙을 알지 못했기 때문입니다. 해결 방법은 간단했지만 그들은 방법을 배운 적이 없었습니다. 따라서 그 법칙을 이해하지 못하며 사용할 수 없습니다.

이 법칙의 핵심은 풍요를 생각하고, 보고, 느끼고, 믿는 것입니다. 제한적인 생각이 마음에 들어오지 않도록 하십시오. 마음으로 시각화할 수 있다면 그것을 현실에서도 실현할 수 있습니다. 당신의 모든 정당한 욕망은 마음속에서 풍부하게 만족될 수 있습니다. 걱정하지 마세요. 의심하지 마세요. 번영과 성공의 씨앗이 싹텄는지 확인하려고 파헤치지 마세요. 믿음을 가지세요! 새로운 열망으로 씨앗을 키우세요. 원하는 것을 마음속에 그리세요. 그것을 믿으세요! 불운에 처한 것처럼 보여도 장래가 어둡고 암울해 보여도 두려움을 잊으세요! 미래는 스스로 만들어가는 것임을 깨달으세요. 당신을 좌절시키는 힘은 오직 당신 자신뿐입니다. 목표를 설정하세요. 그 사이의 장애물을 잊으세요. 길에 놓인 어려움을 잊으세요. 오직 목표만을 마음속에 두세요. 그러면 목표를 이룰 수 있을 것입니다!

멈추지 마십시오.

영국의 판사이자 철학자인 트로워드 (Judge Troward)는 『에든버러 정신과학 강의 Edinburgh Lectures on Mental Science』에서 그 방법을 이렇게 표현했습니다. '첫 번째 단계는 자신이 바라는 이상적인 모습으로 상상하는 것입니다. 나 자신과 다른 사람을 위해 이상을 실현하려고 노력하는 것이 포함됩니다. 과정이 다소 불완전하게 느껴지더라도 말이죠. 이 단계를 밟으면 우주적 마음을 항상 나와 함께하는 친구로 여기고 모든 선을 제공하고 모든 위험에서 보호하며 모든 조언으로 나를 인도한다고 믿을 수 있습니다.

우주적 마음을 모든 필요를 충족시키는 위대한 힘으로 생각하면 그것이 실제로 그렇게 작용하도록 만들 수 있습니다. 주관적 마음의 법칙에 따라 우리가 믿는 대로 우주적 마음이 역할을 해줄 것입니다. 만약 우리가 특정 이익을 얻고자 한다면 같은 방법으로 욕망을 우주적 마음에 각인시킬 수 있습니다. 단, 그것이 부당하거나 누군가를 해롭게 하는 것이 아니라는 조건일 때 입니다.

이 법칙에는 한계가 없습니다. 오늘 할 수 있는 것을 내일도 할 수 있으며 먼 미래까지도 계속해서 할 수 있습니다. 제한에 대한 믿음이 유일한 제한의 원인입니다. 제한을 믿는 만큼 창조의 원리에 제한을 각인시킬 뿐입니다. 그 의심을 버리면 경계는 확장되고 더 많은 생명과 풍성한 축복이 올 것입니다.

당신은 거대한 우주적 계획의 일부분입니다. 당신이 하는 일은 궁극적인 결과에 영향을 미칩니다. 그러므로 우주적 마음과 함께 일하고 있으며 그 존재는 가장 후한 부로 돌려주는 고용주입니다. 모든 좋은 것을 그것으로부터 기대할 수 있다는 걸 기억하세요. 필요한 모든 것은 바로 당신이 있는 곳에 있습니다.

좋은 직장을 원하시나요? 눈을 감고 당신에게 가장 잘 맞고 당신의 능력에 가장 적합한 직장이 어딘가에 있다는 것을 인식하세요. 당신이 가장 큰 선을 행할 수 있고 그에 따라 삶이 당신에게 가장 많은 것을 제공하는 직장입니다. 우주적 마음은 이 직장이 정확히 어디에 있는지 알고 있으며 당신의 잠재의식을 통해 당신도 알게 된다는 것을 깨달으세요. 당신을 필요로 하고, 당신에게 속해 있으며, 그 직장을 갖는 것이 옳다는 것을 깨달으세요. 당신은 가질 자격이 있습니다.

매일 밤 잠시 동안 이 생각을 마음에 간직하세요. 그리고 당신의 잠재의식이 이미 그 직장이 어디에 있고 어떻게 접근할 수 있는지 알고 있다는 것을 믿으며 잠드세요. '알게 될 것이다'가 아니라 '이미 알고 있다'는 것을 기억하세요. 이 사실을 진심으로 깨달으면 내일 태양이 떠오르듯 그 직장은 반드시 당신에게 다가올 것입니다. 당신이 그 잠재의식과 함께 행동으로 일치시킬 때 찾게 될 것입니다. 이 놀라운 공급의 법칙을 작동시키면 당신이 찾는 것들을 당신 자신이 찾게 될 것입니다.

멈추지 마십시오. 그것이 준비될 때, 멈추지 않을 때, 반드시 오게 될 것입니다. 하고 싶은 일은 무엇이든 할 수 있다는 확신을 굳게 가지세요. 기회가 부족하다는 것은 존재하지 않습니다. 단 하나의 기회만 있다는 것도 아닙니다.

당신은 무한하고 지속적인 기회의 법칙에 따라 움직이며 필요한 만큼 그 법칙을 유리하게 적용할 수 있습니다. 기회는 무한하며 언제나 존재합니다. 시인이자 작가인 버튼 브레일리(Berton Braley)는 〈기회 Opportunity〉라는 시에서 그것을 잘 표현했습니다.

최고의 시는 아직 쓰이지 않았고

최상의 집은 아직 지어지지 않았다.

가장 높은 산은 아직 오르지 않았고

가장 거대한 강은 아직 건너지 않았다.

그러므로 두려워 말고 초조해하지도 말고

약한 마음을 먹지도 말라.

기회는 이제 막 도래하고 있다.

최고의 일은 아직 시작되지 않았다.

최고의 작품은 아직 완성되지 않았다.

의지가 있다면 막을 수 있는 것은 아무것도 없습니다. 중요한 것은 시작하는 것입니다. 로마의 시인 아우소니우스(Ausonius) 역시 이렇게 말했습니다.

"작업을 시작하라.

시작이 반이다. 나머지 반이 남아 있다.

다시 시작하라, 그러면 일이 완성된다."

당신의 작업이 아무리 작고 중요하지 않게 보여도 상관없습니다. 그저 그 하나를 잘 해내면 우주적 마음은 당신과 함께 일할 것입니다. 인간은 지구 전체를 지배할 권리를 부여받았습니다. 그리고 모든 것을 지배할 지성을 갖고 창조됐다는 사실을 기억하기 바랍니다.

모든 에너지, 모든 힘, 삶에 영향을 미칠 수 있는 모든 것은 생각의 힘을 통해 당신의 손에 있습니다. 내면과 잠재의식 그리고 선(善)은 유일한 힘입니다. 당신의 마음은 이 모든 마음의 일부입니다. 따라서 자기능력을 제한하려고 하지 말고 그 힘을 제한하지 마세요. 당신은 근본적으로 어떤 것에도 속박되지 않습니다. 모든 희망과 꿈은 이뤄질 수 있습니다. 당신이 모든 지구를 지배할 권리를 부여받지 않았나요? 그리고 이 지배권을 다른 사람이 당신에게서 빼앗을 수 있나요? 이 정신적 능력은 완전히 자연스러운 것이며 저도 있고, 당신에게도 있습니다. 이 능력들은 그 힘을 발휘하고 충실한 종으로서 입증될 때를 기다리고 있을 뿐입니다.

두려워하지 마십시오. 당신의 유산을 주장하세요. 모든 지혜와 힘을 공급하는 우주적 마음은 바로 당신의 마음입니다. 당신이 그 무한한 공급 법칙을 이해하는 정도에 따라 풍요를 입증할 수 있을 것입니다. 그저 믿음대로 될 뿐입니다.

구함

Wanted

많은 사람을 괴롭히는 한 가지 질문이 있습니다. 바로, 현재 직업을 고수할 것인가, 아니면 더 나은 직업을 찾아 나설 것인가에 대한 질문입니다. 그러나 답은 전적으로 당신이 무엇을 추구하는지에 달려 있습니다. 해야 할 일은 목표를 설정하는 것입니다. 당신이 원하는 것은 무엇인가요? 직업? 정계 진출? 중요한 임원 직책? 자신의 사업입니까? 아니면 또 다른 무엇인가요? 대답은 달라도 모든 직업은 당신에게 세 가지를 제공해야 합니다.

1. 현재의 생활을 유지할 수 있는 적절한 급여

2. 미래에 도움이 될 지식, 훈련 또는 경험

3. 목표를 달성하는 데 도움이 될 명성이나 인맥

모든 일자리를 다음 세 가지 기준으로 평가하세요. 그러나 급여가 적다고 해서 가치 있는 훈련 기회를 간과하지 마세요. 앞서가는 회사는 배움이라는 측면에서 유익할 뿐만 아니라 업계 표준에 맞는 급여를 지급하는 경우가 많습니다. 각 직업을 충분히 오래 유지하여 그 안에 있는 모든 정보를 얻으세요. 다음 직무를 배우기에 충분할 만큼 오래 일하세요. 만약 곧 빈자리가 생길 가능성이 없다면 다른 곳에서 해당 직무를 익힐 수 있는 자리를 찾아보세요.

앞으로 나아가세요! 계속 전진하세요! 단지 급여가 가끔 오르는 것에 만족하지 마세요. 매일 뭔가를 배우세요. 더 이상 지식이나 능력을 쌓지 못하는 지점에 도달하면 당신이 뒤로 물러나고 있다는 신호입니다. 그때는 이동할 때입니다. 가능하다면 현재 조직 내에서 승진하세요. 그러나 반드시 움직이세요!

실제 급여는 지식과 능력을 쌓는 것에 비하면 그리 중요하지 않습니다. 지식과 능력의 창고가 가득 차면 급여나 부는 자연스럽게 따라오게 됩니다. 하지만 내부 지식을 갖추지 않으면 가장 많은 급여를 받아도 오래가지 못합니다. 이것은 여자가 남편을 고르는 것과 같습니다. 돈은 많지만 지혜가 없는 사람을 고르거나, 돈은 없지만 능력이 많은 사람을 고를 수 있지만 전자의 경우, 처음에는 화려하게 지내겠지만 결국 이혼 법정에 가거나 무능한 남편과 빚더미에 앉게 될 것입니다. 반면 후자의 경우, 시작은 어려울지 모르지만 결국 자신이 함께 만든 행복한 가정과 성실하고 열심히 일하는 남편, 그리고 행복을 얻게 될 가능성이 큽니다.

돈은 결혼에서 고려해야 할 요소지만 절대적으로 가장 중요한 요소는 아닙니다. 돈도 없고 지혜도 없는 사람을 고르기는 쉽지만 돈과 지혜 중 하나를 선택해야 한다면 언제나 지혜를 선택하세요. 재산은 마음에 비해 그리 중요하지 않습니다.

탐구적이고 경계심 있는 마음을 갖고 있으면 어떤 재산도 얻을 수 있습니다. 그러나 마음 없는 재산은 아무것도 아닙니다. 열 번 중 아홉 번은 젊은 부부가 거의 아무것도 없이 시작하고 함께 노력해서 얻어낸 것들입니다.

당신이 인생에서 가장 원하는 것은 무엇입니까? 그것이 부입니까? 자신이 쓸 수 있는 모든 부와 자연이 아낌없이 제공하는 풍요로움을 상상해 보세요. 그 부를 가지고 무엇을 하겠습니까? 이 질문을 통해 삶에서 진정으로 원하는 것이 무엇인지 깊이 생각해 보세요. 부를 목표로 삼는 것보다 지식과 능력을 쌓아가며 자신의 가치를 높이는 것이 훨씬 더 중요합니다. 그런 마음이 있다면 부는 자연스럽게 따라오게 될 것입니다.

잠시 상상의 나래를 펼쳐 보세요. 지금 그 풍요로움을 이미 갖고 있다고 믿으세요. 마음속에서 부자가 되는 연습을 하세요. 항상 원하던 비싼 차를 몰고 자주 상상하던 집에서 살고 잘 차려입고 삶을 가치 있게 만드는 모든 것들로 둘러싸인 자신을 그려 보세요. 자기 돈을 아낌없이 쓰면서 더 많은 돈이 어디서 올지 걱정하지 않고 마음의 부에는 한계가 없다는 것을 알고 있는 자신을 상상해 보세요. 하고 싶은 모든 일을 하고 살고 싶은 삶을 살며 사랑하는 사람들을 충분히 돌보는 자신을 그려 보세요.

이 모든 것을 마음의 눈으로 보세요. 잠시라도 그것이 사실이라고 믿으세요. 멀지 않은 미래에 이 모든 것이 현실이 될 것임을 알고 최대한의 즐거움과 기쁨을 얻으세요. 이것이 꿈을 실현하는 첫 번째 단계입니다. 당신은 마음속에서 모델을 만들고 있는 것입니다. 그리고 두려움이나 걱정이 그것을 무너뜨리지 않도록 한다면 마음은 그 모델을 당신의 일상생활에서 재현해 줄 것입니다. 정신적으로 이러한 좋은 선물들을 자신의 것으로 만드세요. 물질적으로 즐기기 전에 정신적으로 먼저 해야 합니다. 셰익스피어가 말하듯, "마음이 몸을 부유하게 만든다"라는 것을 기억하세요.

당신이 원하는 것들이 이미 당신의 것이라고 생각하세요. 그것들이 필요할 때 당신에게 올 것임을 알고 그것들이 오는 것을 받아들이세요. 그 꿈과 이상과 바람에 필요한 행동을 하세요. 당신이 하는 그 작은 행동으로는 그 많은 꿈 전체가 이뤄지기 어렵지만 그 행동은 내면과 잠재의식에 자기 꿈을 계속 채워넣는 과정이 돼 줄 것입니다. 상상과 공상을 넘나드는 생각만하고 누워서 꿈이 어느 순간 갑자기 이뤄질 거라는 가르침을 멀리하세요. 반드시 행동을 일치시키십시오. 그리고 꿈이 당신 삶에 예상하지 못한 방식으로 연결돼 이뤄져 가는 것을 보십시오. 꿈이, 원하는 것들이, 어떻게 이뤄질지에 대해서 걱정하거나 부족함을 생각하지 마세요. 당신의 것, 이미 소유하고 있는 것으로 생각하세요. 꿈이 내면에 쌓이고 잠재의식으로 흘러 들어가 우주의 지성, 창조의 지성과 연결돼 커다란 크기로 자라나 당신에게 반드시 오게 됩니다. 단, 행동을 일치 시키십시오. 전체 꿈의 크기에서 보면 작은 행동일 뿐인, 지금 할 수 있는 행동을 하십시오. 돈을 당신 마음의 방앗간을 돌리는 물로 보세요. 당신은 세상이 필요로 하는 아이디어를 끊임없이 만들어내고 있습니다.

당신의 생각과 계획은 큰 구상에서 필수적입니다. 돈은 힘을 제공합니다. 그러나 그것이 세상에서 유용하게 되기 위해서는 당신이 필요합니다. 나이아가라 폭포는 강둑을 따라 있는 발전소가 없으면 또 다른 무언가를 만들어 낼 수 없습니다. 폭포는 그 힘을 활용하기 위해 이러한 발전소가 필요합니다. 마찬가지로 돈도 당신의 아이디어를 통해 더 유용해질 수 있습니다.

그러므로 돈이 필요하다고 생각하는 대신, 돈이 당신을 필요로 한다는 것을 깨달으세요. 일할 곳이 없으면 돈은 낭비된 에너지에 불과합니다. 당신의 아이디어가 돈이 활동할 수 있는 출구와 일을 할 수 있는 수단을 제공해 주는 것입니다. 아이디어를 개발하세요. 돈이 이러한 출구를 항상 찾고 있다는 것을 알고 계세요. 아이디어가 완성되면 당신이 의식적으로 노력하지 않아도 돈이 자연스럽게 당신에게 끌려올 것입니다. 단지 의심과 두려움으로 그 통로를 막지만 않는다면 말입니다.

'먼저 좋은 것을 손에 들고, 그다음에 광고하라!'라고 저명한 언론인이자 정치인 호러스 그릴리(Horace Greeley)가 말했습니다. 세상이 필요로 하는 무언가를 먼저 가지세요. 그다음에 열망의 통로를 열면 돈이 당신에게 흘러들어올 것입니다. 제공할 것이 많을수록 더 많은 부가 흘러들어온다는 것을 기억하세요.

돈은 사용되지 않으면 아무런 가치가 없습니다. 신문과 잡지에서 부유한 사람들이 공격받는 것을 여러 번 보았을 것입니다. 그들을 비판하는 수많은 기사와 사설을 읽었을 것입니다.

그러나 그들 중 가장 부자인 헨리 포드(Henry Ford)에 대해 단 한 마디라도 나쁜 말을 하는 것을 들어본 적이 있나요? 저는 없습니다.

왜일까요? 헨리 포드는 돈을 사용하기 때문입니다. 더 많은 일자리를 제공하고 더 많은 편안함과 즐거움을 더 많은 사람들의 삶에 가져오는 사람으로 여기기 때문입니다. 그래서 돈이 그에게 그렇게 자유롭게 흘러가는 것입니다. 그래서 그는 인생에서 많은 것을 얻습니다. 바로 이 방법이 무한한 공급에 접근할 방법입니다. 당신이 찾아야 할 것은 돈이 아니라, 세상을 위해 돈을 사용하는 방법인 것입니다.

그 필요를 충족시키는 일을 시작하세요. 방법을 찾으면 돈이 자유롭게 당신에게 흘러올 거라는 확신을 가지세요. 당신의 역할을 다하면 우주적 마음이 필요한 수단을 제공할 것입니다.'자신이 하고자 하는 일은 무엇이든지 잘 할 수 있다'라는 확신을 가지세요. 그런 다음 목표를 설정하고 모든 행동, 모든 일, 모든 학습, 모든 관계가 그 목표를 향한 한 걸음이 되도록 하세요. 버튼 브레일리(Berton Braley)의 〈성공 Succes〉이라는 시를 다시 인용합니다.

무언가를 간절히 원한다면

그것을 위해 싸우고

밤낮으로 일하며

마음의 여유와 잠을 포기할 수 있다면

그것에 대한 열망이 당신을 미치게 하고

결코 지치지 않게 만들며

다른 모든 것을 하찮게 여길 수 있다면

그것 없이는 삶이 공허하고 쓸모없다고 느끼며

모든 계획과 꿈이 그것을 중심으로 이루어진다면

기꺼이 땀을 흘리고, 걱정하고, 계획하며

신이나 인간에 대한 모든 두려움을 잃고

온 힘과 능력, 신념, 희망, 자신감

그리고 단호한 끈기를 가지고 그 열망을 추구한다면

가난과 배고픔, 질병과 고통이

당신을 그 열망으로부터 돌릴 수 없다면

고집스럽고 결연하게 그것을 끈질기게 추구한다면

당신은 반드시 그것을 이룰 것입니다.

4장

아는 만큼
이룰 수
있는 것들을
가지십시오

한 배는 동쪽으로 가고

다른 배는 서쪽으로 갑니다

같은 바람을 타고서.

그들이 가는 방향을 결정하는 것은

돛의 방향이지, 바람이 아니지요.

바다의 물결처럼 우리의 운명도

우리가 인생을 항해하는 동안

평온이나 폭풍이 아니라

영혼의 방향이 목표를 결정합니다.

- 엘라 휠러 윌콕스 -

길거리에서 주운 부적

Formula of Success

'어떻게 하면 내 상황을 개선할 수 있을까?'

이 질문은 매일 마주하는 현실적인 문제이며 해결할 때까지 계속 괴롭힐 것입니다. 이 장을 주의 깊게 읽으면 모든 사람이 해결해야 할 삶의 질문에 답을 찾을 수 있을 것입니다.

먼저 모든 부는 마음, 즉 생각이 유일한 창조자라는 사실을 명확히 이해하는 데 달려 있습니다. 인생에서 가장 중요한 일은 생각하는 것입니다. 당신의 생각을 통제하면 당신의 상황도 통제할 수 있습니다. 성취의 첫 번째 법칙이 열망인 것처럼 성공의 공식은 믿음입니다. 자신이 이미 그것을 가졌다고 믿는 가운데 현실로 보고 정당하게 바라는 것은 모두 얻을 수 있다는 것입니다. 믿음은 바라는 것들의 실체이며 보이지 않는 것들의 증거입니다.

자신보다 능력이 뛰어나지 않은 사람들이 겉보기에 불가능한 일을 성취하는 것을 보았을 것입니다. 또한, 오랜 절망의 싸움 끝에 가장 소중한 꿈을 갑자기 이루는 사람들을 봤을 것입니다. 그리고 그 힘의 원천이 궁금했을 것입니다. 그 일이 무엇이든, 그 힘은 믿음에서 나왔습니다. 즉, 신념입니다. 누군가가 그들에게 승리할 수 있다는 신념을 주었고 그들은 믿었기 때문에 패배처럼 보였던 상황에서 성공으로 도약한 것입니다.

몇 년 전 미국의 배우 해럴드 로이드(Harold Lloyd)가 출연했던 영화를 기억하나요? 그 영화에는 자신의 그림자를 무서워하는 시골 소년이 등장합니다. 마을의 모든 소년이 바보같은 그 소년을 놀려댔고 괴롭혔습니다. 그러던 어느 날, 소년의 할머니가 남북전쟁 동안 할아버지가 갖고 다녔던 부적을 소년에게 주었습니다. 할머니는 이 부적이 주인을 무적으로 만든다고 말해주었습니다. 그 부적을 지니는 동안 아무도 그 주인을 해칠 수 없다고요. 소년은 할머니의 말을 믿었습니다. 그리고 며칠 후 마을의 불량배가 소년을 괴롭히려고 할 때 놀랍게도 그들을 제압해 버렸습니다. 1년도 채 지나지 않아 그는 마을에서 가장 용감한 사람으로 명성을 얻게 되었습니다.

소년은 이제 완전히 두려움에서 벗어나 있었습니다. 그러던 어느 날 할머니가 말했습니다. "얘야 사실 그 부적은 너에게 주던 날 길가에서 주운 낡은 고철 조각이란다."

할머니는 소년에게 필요한 것이 자신에 대한 믿음, 두려움을 이겨낼 수 있는 충분한 힘이 '자기 안에 있다는 걸 아는 것'이란 사실을 가르쳐준 것입니다.

원래 자신 안에 있는 것이었을 뿐

The Talisman of Napoleon

이런 이야기는 흔합니다. 할 수 있다고 믿는 것만 할 수 있다는 진리는 너무나 확고해서 많은 작가들이 즐겨 사용하는 주제입니다. 어느 평범한 예술가가 워털루 전장을 방문했다가 흙 속에 반쯤 묻혀 있는 신기한 금속 덩어리를 발견하고 주머니에 넣었습니다. 곧 그는 자신감이 급격히 커졌고 자신이 선택한 일뿐만 아니라 어떤 상황에서도 대처할 수 있는 능력에 대한 절대적인 믿음을 갖게 되었습니다.

이제 그는 단지 자신이 할 수 있다는 것을 증명하기 위해 그림을 그리기 시작했고 훌륭한 그림을 그려 냈습니다. 그러나 거기서 멈추지 않고 멕시코를 기반으로 한 제국을 상상하고 실제로 반란을 이끌어 성공을 거뒀습니다. 그러던 어느 날 그는 그 부적을 잃어버렸고 모든 계획은 순식간에 무너졌습니다. 그는 바로 나폴레옹입니다.

이 이야기는 자신에 대한 믿음이 중요하다는 점을 설명하기 위한 예일 뿐입니다. 내면의 강력한 힘을 인식하는 것이 모든 것을 가능하게 한다는 사실 말입니다. 당신은 자신이 할 수 있다고 믿는 것은 정말로 무엇이든 할 수 있으니까요. 이 지식은 신이 준 선물로 이를 통해 모든 인간의 문제를 해결할 수 있습니다. 이 지식은 당신을 낙관주의자로 만들 것이며 번영으로 가는 열린 문을 제공할 것입니다.

이 문을 열어두세요. 올바른 모든 것을 얻을 수 있기를 기대하세요. 당신은 모든 좋은 것을 누릴 자격이 있습니다. 그러므로 좋은 것만 기대하십시오. 승리 뒤에 패배가 따를 필요는 없습니다. 일이 잘 풀리고 있을 때마다 불운을 피하고자 행운을 염원하는 행위를 할 필요는 없습니다. 승리는 또 다른 승리를 불러와야 합니다. 이 마음은 건강과 생명, 무한한 기회와 보상을 의미합니다. 당신에게는 어떤 제한도 없습니다. 그러니 그런 제한이 당신의 삶에 들어오지 않도록 하세요. 마음은 당신을 위해 모든 좋은 일을 해줄 것입니다. 그것은 당신을 위해 산도 옮길 것입니다.

모든 생각, 열망, 목표, 재능을 선한 의식과 무한한 공급의 법칙에 맞추세요. 당신이 충분한 공급을 받을 자격이 있다는 것을 알아야 할 모든 이유가 있습니다. 모든 공급은 생각에서 시작됩니다. 이제 마음을 열고 무한한 생각과 공급을 받아들이기 위해 노력해보세요.

공급이 반드시 한두 가지 경로를 통해서만 이뤄진다고 생각하지 마세요. 우주적 마음이 당신에게 선물을 보내는 수단을 당신이 정할 수 없습니다. 그 선물이 도달할 수 있는 수백만 개의 경로가 있습니다. 당신의 역할은 우주적 마음에 당신의 필요, 간절한 열망, 그 자원에 대한 무한한 믿음과 우주적 마음이 당신을 도울 의지가 있다는 것을 각인시키는 것입니다. 열망의 씨앗을 심고 잘 익은 열매의 명확한 시각화로 그것을 키우세요. 진실한 믿음으로 물을 주세요. 하지만 그 수단은 우주적 마음에 맡기세요.

마음을 열고 생각의 통로를 정리하고 수용할 준비가 된 상태를 유지하세요. 항상 좋은 것을 기대하는 정신적 태도를 가지세요. 당신에게는 모든 선에 대한 기본적인 권리가 있습니다. 그렇게 믿는 대로 될 것입니다.

우리 대부분의 문제는 정신적으로 게으르다는 점입니다. 무리를 따라가는 것이 스스로 길을 개척하는 것보다 훨씬 쉽습니다. 그러나 위대한 발견가, 발명가, 모든 분야의 천재들은 전통을 깨고 선례를 무시하며 마음이 할 수 있는 일에는 한계가 없다고 믿었던 사람들입니다. 이들은 모든 비웃음과 "그건 불가능해"라는 말에도 불구하고 그 믿음을 지키며 목표를 달성했습니다.

게다가 그들은 단 하나의 성공에 만족하지 않았습니다. 그들은 첫 번째 성공이 '올리브 병에서 나온 병에서 첫 번째 올리브'와 같다는 걸 알고 있었습니다. 첫 번째 올리브가 나오면 나머지는 더 쉽게 나옵니다. 이처럼 모든 것을 가능하게 만든 수많은 사람이 자신이 우주의 창조적 지능의 일부와 연결돼 있다는 사실을 깨달았습니다. 이 깨달음은 그들에게 어떤 올바른 목표를 위해서든 노력할 수 있는 신념을 주었고 유일한 한계는 '더는 바라지 않는 것'일 뿐이란 걸 알게 해주었습니다. 그들은 계속해서 전진했습니다.

에디슨은 축음기나 전구를 만들고 나서 자리에 앉아 손을 놓고 있지 않았습니다. 위대한 성취는 단지 새로운 성취의 길을 여는 데 불과했습니다. 당신의 잠재의식, 내면과 우주적 마음 사이의 통로를 열면 무한한 부가 쏟아져 들어올 것입니다. 당신이 가장 관심 있는 특정한 것에 생각을 집중하면 풍부한 아이디어가 쏟아져 나와 목표를 달성할 수 있는 수십 가지 방법이 열릴 것입니다.

그러나 아무리 위대해도 한 번의 성공에 만족해서는 안 됩니다. 창조의 법칙은 성장의 법칙입니다. 당신은 멈추지 말고 앞으로 나아가야 합니다. 자기만족은 성취의 가장 큰 적입니다. 앞을 내다보아야 합니다. 알렉산더처럼 끊임없이 새로운 세계를 정복할 방법을 찾아야 합니다. 그러면 필요한 힘이 반드시 찾아올 것입니다. 마음을 자신의 자원으로 삼는다면 실패는 존재하지 않을 것입니다. 마음의 유일한 실패는 걱정과 두려움 또는 사용하지 않음에서 비롯되기 때문입니다.

유명한 심리학자 윌리엄 제임스(William James)는 "마음이 어떤 일을 하면 할수록 더 많은 일을 할 수 있다"라고 가르쳤습니다. 창조적 발상이 계속 에너지를 방출하기 때문입니다. 지금까지 해왔던 것보다 더 많은 일, 더 나은 일을 해낼 수 있습니다. 또한 현재 알고 있는 것보다 더 많은 것을 알 수 있습니다. 경험을 통해 알 수 있듯이 기쁨이나 열정이 넘치는 적절한 정신 상태에서는 평소보다 서너 배의 일을 피로감 없이 해낼 수 있습니다. 피로는 실제로는 육체적 피로보다는 지루함에서 더 많이 옵니다. 일이 즐거울 때는 거의 무한정으로 일할 수 있습니다.

보잘것없는 체력과 비교적 가벼운 책임도 짊어지기 힘들어하던 사람이 무거운 책임을 맡고는 갑자기 일에 몰두하며 역할을 감당하며 오히려 더 강인해지는 모습을 본 적 있을 것입니다. 이렇듯 위기는 단순히 자신이 가진 예비력을 끌어내는 것뿐만 아니라 새로운 힘을 만들어내는 도구입니다.

할 수 없다고 했지만

It Couldn't Be Done

어쩌면 자신이 무능하다는 생각에 사로잡혀 있을 수도 있습니다. '할 수 없다'라는 말을 너무 자주 들었기 때문에 정말로 할 수 없다고 믿게 된 것일 수도 있습니다. 그러나 실패는 단지 마음의 상태에 불과하다는 것을 기억하세요. 당신이 할 수 없다고 믿으면 할 수 없습니다. 할 수 있다고 믿으면 할 수 있습니다. 당신 스스로 그것을 해내고 있는 자신을 보아야 합니다.

패배했다고 생각하면
당신은 패배한 것이다.
감히 도전하지 못한다고 생각하면
당신은 도전하지 못한다.

이길 수 없다고 생각하면
거의 확실히 이길 수 없다.
질 거라고 생각하면
이미 진 것이다.

성공은 의지에서 시작되기 때문이다.

모든 것은 마음의 상태에 달려 있다.

많은 경주에서 시작도 전에 패배하고

많은 겁쟁이가 일 시작도 전에 실패한다.

크게 생각하면 행동도 커지고

작게 생각하면 뒤처지게 된다.

할 수 있다고 생각하면, 할 수 있다.

모든 것은 마음의 상태에 달려 있다.

자신이 열등하다고 생각하면, 열등하다.

높이 오르려면 높게 생각해야 한다.

상을 받으려면 먼저 자신을 확신해야 한다.

인생의 싸움은 항상 더 강하거나

빠른 사람에게만 유리한 것은 아니다.

하지만 결국 승리하는 사람은

할 수 있다고 생각하는 사람이다.

　자신의 능력을 제대로 이해하고 최대한 발휘하려는 결심과 과도한 자만심에는 큰 차이가 있습니다. 자기 능력을 최대한 발휘하려면 반드시 자신을 믿어야 합니다.

　우리는 모두 팔아야 할 무언가를 가지고 있습니다. 그것이 상품일 수도, 능력일 수도, 서비스일 수도 있습니다. 구매자가 당신을 신뢰하고 투자하도록 하려면 스스로를 믿어야 합니다. 고객을 잃었다면 그 고객을 다시 끌어들이기 위해 특별한 노력을 기울여야 합니다. 개인적인 관심과 같은 노력을 기울여야 합니다. 그래야 아침 결연한 각오로 일어나야 그날 밤 만족스럽게 잠자리에 들 수 있습니다.

　"모든 사람이 격려하는 사람을 좋아한다"라는 말은 정말 맞는 말입니다. 성공을 얻기 위해 필요한 것은 오직 마음뿐입니다. 마음이 최상의 능력을 발휘하려면 기쁨과 낙관주의로 가득 차 있어야 합니다. 부정적인 마음 상태에서는 좋은 결과를 내기 어렵습니다. 가장 좋은 성과는 항상 행복하고 낙관적일 때 나옵니다.

　행복한 성격은 행복하고 명랑한 생각의 결과입니다. 건강과 번영은 주로 낙관적인 생각의 결과입니다. 당신은 패턴을 만듭니다. 당신이 세상에 남긴 평가가 희미하고 약하다고 느껴진다면 운명을 탓하지 말고 자신의 패턴을 탓하세요! 겁쟁이의 생각을 하면서 용감한 태도를 기르지는 못할 것입니다. 엉겅퀴에서 무화과를 얻을 수는 없습니다. 의심과 두려움으로 꿈을 질식시키면 꿈을 이룰 수 없습니다. 당신은 비현실적인 꿈 아래에 이해와 믿음의 기초를 놓아야 합니다. 어떤 일을 할 때 성공 가능성은 항상 자신에 대한 믿음으로 측정할 수 있기 때문입니다.

환경이 낙담하게 만드나요? 다른 사람의 위치에 있다면 성공이 더 쉬울 것 같다고 생각하나요? 그러나 당신의 진짜 환경은 내면에 있다는 것을 명심하세요. 성공과 실패의 요인은 모두 내면에 있습니다. 자신이 만든 내면세계를 통해 외부 세계가 만들어진 것입니다. 당신은 그 내면세계를 만드는 재료를 선택할 수 있습니다. 과거에 현명하게 선택하지 못했다면 지금 재건할 재료를 다시 선택할 수 있습니다. 삶의 풍요로움은 그 순간부터 다시 시작될 수 있습니다. 다시 시작할 수 있다면 누구도 실패한 것이 아닙니다.

바로 시작해서 할 수 있다고 느끼는 모든 일을 하세요. 누구의 허락도 구하지 마세요. 어떤 일에 집중하면 그 일을 이루는 것이 가능해집니다. 당신이 그 일을 할 수 있다고 믿는 것은 당신의 생각에 힘을 실어줍니다. 행운은 당신을 기다리고 있습니다.

그녀를 대담하게 붙잡고 확고하게 잡으면 그녀는 당신의 것입니다. 그녀는 당연히 당신에게 속합니다. 그러나 그녀에게 주저하거나 의심스럽고 소극적으로 다가가면 그녀는 경멸하며 당신을 지나칠 것입니다. 그녀는 대담함을 사랑하고 자신감을 존경하는 변덕스러운 존재이기 때문에 반드시 다스려야 합니다.

한 로마인은 발로 땅을 치기만 하면 군대가 솟아날 것이라고 자랑했습니다. 그리고 그의 대담함은 상대방을 겁먹게 했습니다. 마음도 마찬가지입니다. 첫 단계를 밟으면 마음은 당신을 돕기 위해 모든 힘을 동원할 것입니다. 그러나 가장 중요한 필수 요소는 당신이 시작하는 것입니다. 일단 전투가 시작되면 본격적으로 공격하고 각 장애물을 해결하면 안팎의 모든 것이 도울 것입니다. 하지만 당신이 먼저 일을 시작하지 않으면 안 됩니다.

'하늘은 스스로 돕는 자를 돕는다'라는 말은 인류의 역사만큼이나 오래된 진리입니다. 이는 사실 단순한 상식입니다. 잠재의식은 모든 힘을 갖고 있지만 의식은 문지기 역할을 합니다. 그 문을 열어야 합니다. 무한한 에너지를 방출하는 버튼을 눌러야 합니다. 삶에서 추구하는 어떤 대단한 목표라도 자신의 힘을 이해하고 그것을 올바르게 사용하려고 끊임없이 노력하면 실패할 수 없습니다.

이 세상에서 두각을 나타낸 사람들은 모두 한 가지 공통점을 갖고 있었습니다. 그들은 자신을 믿었습니다! 누군가는 이렇게 질문할 수 있습니다. '나는 아직 가치 있는 일을 해본 적이 없고 내가 손대는 모든 것이 실패하는 것 같아요. 어떻게 나 자신을 믿을 수 있을까요?'

물론 그렇게 생각할 수 있습니다. '나'라고 생각하는 의식에만 의존한다면 그럴 수 있겠죠. 하지만 당신보다 훨씬 위대한, 이 세상을 만든 지성의 힘이 내 안에 있습니다. 그 힘이 당신 안에 있습니다. 그것이 정당하고 옳은 일이라면, 그것이 무엇이든 할 수 있다는 사실을 아는 지혜로써 자신감을 얻을 수 있습니다.

이 마음에 의지하면 너무 어려워서 해결할 수 없는 문제는 없습니다. 이것을 아는 것이 첫 번째 단계입니다. 당신이 인생에서 가장 원하는 한 가지를 결정하세요. 그것이 무엇이든 상관없습니다. 마음에는 한계가 없다는 걸 알고 있잖아요. 원하는 것을 시각화하세요. 그것을 보고, 느끼고, 믿으세요. 정신적인 청사진을 그리고 건설하기 시작하세요!

만약 어떤 사람들이 당신의 아이디어를 비웃는다면 어떻게 할까요? "그건 불가능해!"라고 말한다고 가정해 봅시다. 사람들은 갈릴레오(Galileo)를 비웃었습니다. 헨리 포드(Henry Ford)도 마찬가지였습니다. 오랜 세월 동안 논리는 지구가 평평하다고 주장했습니다. 자동차 엔지니어들은 포드 모터가 작동하지 않을 것이라고 했습니다. 그러나 지구는 둥글고 수백만 대의 포드 자동차가 도로를 달리고 있습니다.

이제 우리가 배운 진리들을 실천에 옮겨봅시다. 지금 인생에서 가장 원하는 것이 무엇인가요? 그 열망 하나를 선택하여 집중하고 그것을 잠재의식에 각인시키세요.

심리학자들은 잠재의식에 제안하기 가장 좋은 시간이 감각이 고요하고 주의가 느슨해지는 잠들기 직전이라는 것을 발견했습니다. 오늘 밤, 당신의 열망을 잠재의식에 제안해 보십시오. 두 가지 필수 조건은 간절한 열망과 명확한 믿음입니다. 누군가가 '교육의 3/4은 격려이며, 그것은 할 수 있다는 것을 알려주는 것'이라고 말한 적 있습니다. 맞습니다. 원하는 것을 간절히 원하고 진심으로 믿는다면 가질 수 있다는 것을 알고 있습니다. 그러니 오늘 밤, 잠 들기 직전에 인생에서 가장 원하는 것에 대해 생각을 집중해 보세요.

그것을 갖고 있다고 믿으세요. 그것을 소유하고 있는 자신을 상상해 보세요. 그것을 사용하는 자신을 느껴보세요. 이 과정을 매일 밤 반복해서 실제로 원하는 것을 갖고 있다고 믿게 될 때까지 계속하세요. 그 시점에 도달하면 그것을 얻게 될 것입니다!

이 자유

This Freedom

진리를 알게 되면

그 진리가 너를 자유롭게 할 것이다.

저는 어렸을 때부터 이 말을 들었습니다. 하지만 몇 년 전까지만 해도 저에게는 그저 명언에 불과했습니다. 그 말의 진정한 의미, 그 말의 이면에 담긴 위로를 어렴풋이 이해하기 시작한 것은 최근입니다. 아마 여러분도 이 말이 그저 격조 높은 문구에 지나지 않았을 것입니다. 우선, 종교적 가르침에서 자주 언급되는 진리란 무엇일까요? 무엇에 대한 진실일까요? 그리고 그것이 우리를 무엇으로부터 자유롭게 할까요? 진리는 '삶에서 만나는 모든 것의 근본적인 실체'입니다. 가령, 수학 문제를 해결하는 유일한 올바른 방법이 존재하죠. 그 문제의 진리는 그 하나의 올바른 방법입니다. 이를 알게 되면 모든 의심, 헛된 상상, 오류로부터 자유로워집니다. 진리를 알면 문제를 잘못 해결해서 생기는 모든 '문제'에서 벗어날 수 있습니다.

같은 방식으로 우리가 마주하는 모든 상황을 해결하는 최선의 방법이 하나씩 존재합니다. 그 최선의 방법이 진리입니다. 이를 알게 되면 그 상황과 관련된 모든 걱정이나 문제에서 벗어날 수 있습니다. 왜냐하면 그 상황을 올바른 방법으로 해결하면 그로부터 오는 것은 오직 좋은 것뿐이기 때문입니다.

몸이 있습니다. 몸의 모든 기관에는 하나의 올바른 개념이 있습니다. 기관마다 한 가지 방법으로 작동하는 정확한 기능 방식이 있습니다. 우주적 마음 또한 그 올바른 개념과 정확한 방식을 갖고 있습니다. 몸의 기능, 각 세포와 조직의 재생은 잠재의식의 작업입니다. 만약 몸에 대한 진리를 깨달으면 잠재의식은 빠르게 모든 병에서 계속 멀어지게 하고 자유롭게 해주며 건강을 유지하게 해줄 것입니다.

무엇이 당신을 괴롭히든 상관없습니다. 그것이 단지 '진정한 앎'의 부재일 뿐이라는 걸 깨달으면, 우주적 마음이 당신의 몸을 작동시키는 진리만이 존재한다는 것을 이해하면, 몸에 대한 바람도 현실로 나타낼 수 있습니다. 선하고 진실된 것을 확언하면, 악은 사라질 것입니다. 마치 불을 켜면 어둠이 즉시 사라지는 것과 같습니다. 어둠에는 실체가 없으며 단지 빛의 부재일 뿐입니다. 병이나 악도 실체가 있는 것이 아니라 건강이나 선의 부재일 뿐입니다.

모든 질병, 모든 가난, 모든 슬픔은 태어날 때부터 그 내면에 갖고 있던 힘을 잘못 사용한 결과입니다. 마치 풀어야 할 문제에 숫자를 잘 못 배치한 것과 같습니다. 그 결과는 부정확하고 조화롭지 못할 것입니다. 그것을 해결하는 방법은 숫자를 올바르게 재배치 하는 것입니다. 그렇게 하는 순간 정확한 해답을 얻게 됩니다. 몸이 잘 못된 게 아니라 몸을 최상의 상태로 작동되도록 다루지 못한 자신에게 있던 것입니다.

수학에서 모든 문제에 원리가 있듯 인생의 대다수 문제에도 해결할 수 있는 원리가 있습니다. 이 원리는 변하지 않으며 영원합니다. 다만, 오랜 세월에 거쳐 그 원리에 대한 이해가 깊어지며 표현만 달라졌을 뿐입니다. 번개는 인간이 전기를 다루기 전까지는 공포만을 주었습니다. 증기는 인간이 그것을 활용하는 법을 배우기 전까지는 그저 낭비일 뿐이었습니다. 불과 물은 가장 파괴적인 힘이지만 제대로 사용할 때 가장 위대한 조력자가 됩니다.

무엇이든 사용하는 방법을 찾아내면, 그 뒤에 숨은 원리를 찾을 수 있다면, 진리는 항상 거기에 있습니다. 이 선물은 결코 특정 그룹에만 국한된 것이 아닙니다. 모든 사람에게, 받아들일 준비가 된 모든 사람에게, 이해할 마음을 가진 모든 사람에게 온 선물입니다.

가장 필요한 것은 열린 마음과 이해하려는 열망입니다. 선입견을 갖고 멀리하면, 그 믿음을 바꾸지 않겠다고 고집한다면, 멀리 나아갈 수 있을까요?

모든 선입견과 편견을 버려야 합니다. "저건 여차저차해서 필요없어"라고 절대 말해서는 안 됩니다. 어떤 것이라도 그 이면에는 일부의 조각이 들어있습니다. 그 조각들이 수십, 수백 개가 모여 성장이 이뤄지는 것입니다. 그러니 진실의 씨앗이 내 곁에 오가도록 그냥 두세요. 거부하거나 차단하지 마세요. 열린 마음을 갖고 그저 오고 가도록 두세요. 진리는 뜻하지 못한 조각들로 나눠 나에게 오는 것입니다.

유일한 힘

The Only Power

    몸은 잠재의식에 각인된 생각의 이미지에 따라 건강하거나 병들게 됩니다. 건강에 관한 생각을 유지하고 병에 대한 모든 생각을 제거하면 건강한 몸을 만들 수 있습니다.

    뉴욕의 윌리엄 S. 패튼(Dr. William S. Patten) 박사는 "마음의 구조를 알고 이해하며 마음의 작용을 인식하는 것이 건강한 신체의 첫 번째이자 유일한 요건이다"라고 말했습니다.

    모든 질병은 마음에서 시작됩니다. 전염병에 대한 글을 읽거나, 교육을 통해 특정 상황이 질병을 유발한다고 배울 때 의식에 영향을 미칠 수 있습니다. 또한 나이가 어렸을 때 갖게된 전염에 대한 두려움과 걱정이 잠재의식 속에 자리 잡을 수도 있습니다.

    하지만 어떤 경우든 질병의 시작은 두려움입니다. 의식적이든 무의식적이든 두려워하는 질병을 시각화합니다. 그리고 이미지를 생각 속에 두기 때문에 몸은 그 모델에 따라 작동하기 시작합니다.

당신은 질병이 필요하다고 믿고 어느 정도는 그것을 예상합니다. 매일 질병에 대해 듣고 적어도 잠재의식에서는 항상 질병에 대한 두려움을 느낍니다. 그리고 바로 그 두려움을 통해 질병을 만들어냅니다. 만약 같은 시간을 건강의 필요성에 대해 생각하고 믿는 데 쓴다면 당신은 질병을 알 필요가 없을 것입니다.

알렉산더 대왕과 그의 유명한 말, 부세팔루스(Bucephalus)의 이야기를 기억하십니까? 그 말은 자신의 그림자를 두려워해서 아무도 탈 수 없었습니다. 하지만 알렉산더는 태양을 향해 서서 그림자가 뒤로 가게 만들어 아무 문제 없이 탈 수 있었습니다. 여러분도 태양을 향해 서면 그림자는 뒤로 사라질 것입니다. 여러분의 모든 장기에 대해 완벽한 이미지를 떠올리면, 질병의 그림자가 여러분을 건드리지 못할 것입니다.

찬바람에는 감기를 일으킬 수 있는 세균이 없습니다. 날씨에는 열이나 폐렴을 일으키는 박테리아도 없습니다. 찬바람은 세상에서 말하는 그런 이치를 따지지 않습니다. 몸도 마찬가지입니다. 몸은 그저 물질과 장기들일 뿐입니다. 지능적이지 않습니다. 감기에 걸리면 안 된다는 생각은 의식이 만들어낸 것입니다. 이 생각이 잠재의식에 전달될 때 감기가 유발되는 것입니다.

스스로에게 물어보세요. 누가 감기에 걸리는 걸까요? 그것은 내 코일 수 없습니다. 코는 지능이 없으니까요. 코는 단지 잠재의식이 지시하는 대로 할 뿐입니다. 그리고 어쨌든, 내 코가 어떻게 찬바람이 목뒤로 불고 있다는 것을 알았을까요? 코가 그것을 의식한 게 아니라면 누가 한 걸까요?

가능한 것은 오직 내 마음뿐입니다. '찬바람이 너무 부는군. 이런 내일이면 감기에 걸리겠어' 이렇게 마음이 나에게 '감기에 걸리라'고 지시를 내렸기 때문에 감기에 걸리기 좋은 환경이 돼 버린 것입니다. 감기에 걸리도록 지시할 수 있는 게 마음이라면 감기를 멈추게도 할 수 있지 않겠습니까?

이제 과정을 반대로 해봅시다. 잠재의식 앞에 감기와 열의 이미지를 유지하는 대신, 건강과 생명, 힘의 이미지만을 떠올리세요. 감기에 걸렸는지 확인하려고 애쓰고 그 확신을 강화하지 마세요. 감기의 존재 자체를 무시함으로써 감기를 만들어내는 창조적 능력을 무너뜨리세요. 잠재의식 앞에 코, 머리, 목의 완벽한 이미지만을 유지하세요. 의식의 환상 대신, 진리를 패턴으로 사용하게 하세요.

존재의 기본 법칙은 건강과 생명의 법칙입니다. 이것을 인식하고 마음의 눈앞에 오직 완벽한 몸과 완벽하게 작동하는 기관들만 떠올리면 '당신을 자유롭게 하는 진리'를 깨닫게 될 것입니다.

'사람은 생각하는 대로 된다'라는 말처럼 특히 건강에 관해서는 자신이 기대하는 것을 얻게 되기 쉽습니다. 물질 자체에는 감각이 없습니다. 고통을 느끼고 행동하고 행동을 방해하는 것은 의식입니다.

기능성 장애는 특정 암시가 잠재의식에 들어가서 거기에 남아 있기 때문에 발생합니다. 이것은 신체적인 원인이 아니라 정신적인 원인, 즉 잘못된 생각에서 비롯된 것입니다. 모든 기능성 장애의 근원은 마음에 있으며 비록 그 증상이 소화불량, 우울증, 심장 두근거림 등 수많은 다른 형태로 나타날지라도 말입니다. 신체에는 유기적으로 문제가 없습니다. 조정되지 않은 것은 당신의 정신적 이미지입니다. 정신적 이미지를 바꾸면 신체적 문제도 해결됩니다.

지금처럼 운동이 강조되는 시대에 몸보다 마음의 돌봄이 더 필요하다고 말하는 것은 비현실적으로 들릴 수 있습니다. 하지만 유일한 원인은 마음이며 정신적 시각화가 결과를 가져옵니다. 몸의 물리적 운동 없이도 마음의 눈으로 자신이 되고자 하는 사람의 모습을 시각화하고 그것을 강하게 원하며 그것을 갖고 있다는 믿음과 일치한 행동을 함께할 때, 사람의 이해를 넘어서는 방식으로 결과를 얻을 것입니다.

우주적 마음속에 몸의 모든 기관에 대한 하나의 올바른 생각이 있다는 사실을 인식함으로써 건강을 얻을 수 있습니다. 이 올바른 생각은 완전하고 불멸의 것입니다. 이 생각을 잠재의식에 지속적으로 떠올리면 당신의 몸에 실현될 것입니다. 이것이 바로 당신을 자유롭게 만드는 진리입니다.

자신의 번영과 우리의 번영과
모두의 번영을 꿈꾸라

The Law of Attraction

삶은 왕과 노예의 거울이다.

당신이 무엇을 하고 있는지 보여준다.

그러므로 세상에 당신이 가진 최선을 주어라.

그러면 최선의 것이 당신에게 돌아올 것이다.

– 마들린 브리지스 –

가장 많은 이익을 얻는 사람은 가장 많이 섬기는 사람이다'라는 오래된 격언은 단순한 이타주의를 말한 것이 아닙니다. 주변을 둘러보세요. 어떤 사업이 발전하고 있나요? 어떤 사람들이 큰 성공을 거두고 있나요? 그들은 어떤 대가를 치러도 상관없이 무조건 기회를 잡는 사람들일까요? 아니면 자신이 받는 돈보다 조금 더 큰 가치, 더 많은 일을 해주려고 항상 노력하는 사람들일까요?

저울의 균형이 정확하게 잡혀 있을 때는 한쪽에 약간의 무게만 더 실려도 마치 1톤처럼 효과적으로 다른 쪽의 균형을 무너뜨립니다. 마찬가지로 조금 더 나은 가치 더 큰 노력은, 키가 큰 사람이 난쟁이 사이에 서 있는 것처럼 그 사람과 비즈니스를 돋보이게 합니다. 따라서 노력의 비율보다 더 큰 결과를 가져옵니다. 단순히 이타적이기만 한 것이 아니라 필요 이상으로 가치를 제공하는 것이며 받은 돈보다 조금 더 열심히 일한 것에 대한 보상을 받는 것입니다. 추가된 1온스의 가치가 중요한 것입니다. 왜냐하면 끌어당김의 법칙은 언제나 베푼 것보다 훨씬 많은 받게 되는 논리이기 때문입니다.

모든 것 뒤에는 우주의 불변의 법칙이 있습니다. 현재 상태는 단지 결과일 뿐입니다. 생각이 원인입니다. 결과를 바꾸는 유일한 방법은 먼저 원인을 바꾸는 것입니다. 사람들은 고통에 너무 사로잡혀 있어서 부족함과 슬픈 생각만 품기 때문에 가난과 결핍 속에 살게 됩니다. 그들은 부족을 당연하게 여깁니다. 마음의 문을 오직 고난과 질병, 가난에만 열어둡니다. 더 나은 것을 희망한다고는 하지만 희망은 두려움에 압도되어 결코 기회를 얻지 못합니다.

악을 기대하면서 선을 받을 수는 없습니다. 가난을 기대하면서 풍요를 누릴 수는 없습니다.

"나누는 사람은 더 부유해지고
지나치게 아끼는 사람은 궁핍해질 뿐이다.
후한 사람의 영혼은 풍성해지고
다른 사람에게 물을 주는 사람은 자신도 물을 받게 될 것이다."

우주적 마음은 언제나 인간 의식을 통해 표현됩니다. 그것은 계속해서 표현할 길을 찾고 있습니다. 그것은 마치 산의 샘으로 끊임없이 보충되는 거대한 물 저장고와 같습니다. 여기에 통로를 만들면 물이 점점 더 많은 양으로 흐를 것입니다. 같은 방식으로 당신을 통해 우주적 마음이 표현될 수 있는 통로를 한 번 열면, 그 선물은 점점 더 많은 양으로 흐르게 되고 그 과정에서 당신은 풍요로워질 것입니다.

이것이 훌륭한 금융업자가 만들어지는 원리입니다. 개발을 위해 수백만 달러가 필요합니다. 그 나라 사람들은 열심히 일하지만 일을 효율적으로 할 도구가 부족합니다. 그들은 어떻게 돈을 마련할 수 있을까요? 그들은 은행가에게 가서 문제를 이야기합니다. 금융업자는 자신이 돈을 갖고 있지 않지만 어떻게 어디서 돈을 마련할지 알고 있습니다. 그는 채권을 투자자들에게 판매합니다. 이런 경우는 매우 단순한 서비스지만 매우 귀중해서 양쪽 모두 기꺼이 많은 보수를 줍니다.

이 같은 방식으로 우주적 자원과 인간의 필요 사이에 통로를 열어 이웃이나 친구, 고객에게 이롭고 좋은 것을 베풀면 당신도 이익을 얻을 수 있습니다. 통로를 더 넓게 열고 더 큰 서비스를 제공하거나 더 나은 가치를 제공할수록 더 많은 것이 그 통로를 통해 흐르게 됩니다. 그만큼 더 많은 이익을 얻게 될 것입니다.

이러한 이익을 얻고 싶다면 자신의 재능을 사용해야 합니다. 지금은 베풀 것이 적고 나눌 것이 적어도 계속 사용하면 더 커질 것입니다. 수도원에 들어가 기도할 필요가 없습니다. 오히려 그건 이기적인 방법입니다. 다른 모든 것을 제외하고 자신의 영혼만을 위한 이기적인 관심입니다. 단순한 자기 부정이나 금욕주의는 아무에게도 도움이 되지 않습니다. 뭔가를 할 재능이 있는 당신은 뭔가를 해야 합니다. 하늘이 내려준 재능을 사용하여 세상을 더 나은 곳으로 만들어야 합니다.

달란트의 비유를 기억하세요. 자신의 재능을 숨긴 사람에게 무슨 일이 일어났는지 아실 겁니다. 반면, 자신의 재능을 활용한 사람들은 많은 것을 맡게 되었습니다. 저는 항상 그 비유가 삶의 전체 법칙을 표현한다고 생각했습니다. 옳은 일은 모든 선한 힘을 사용하는 것이고 잘못된 일은 그것들을 소홀히 하거나 남용하는 것입니다.

금융업자라면 돈을 더 벌기 위해 갖고 있는 돈을 사용해야 합니다. 상인이라면 더 좋은 상품을 정직하게 팔아야 합니다. 의사라면 더 많은 환자를 치료하기 위해 현재의 환자를 도와야 합니다. 점원이라면 다른 사람들보다 더 열심히 일해야 합니다. 그리고 더 많은 우주적 공급을 원한다면 그 일들을 할 때 자신이 가진 것을 활용해 주변 사람들에게 더 큰 도움을 나눠줘야 합니다. 즉, 위대해지고 싶다면 섬겨야 합니다. 그리고 가장 많이 섬기는 사람이 가장 위대해질 것입니다.

더 많은 돈을 벌고 싶다면 자신을 위해 돈을 추구하기보다는 다른 사람들도 더 많은 돈을 벌 수 있도록 도와주세요. 그 과정에서 자신도 더 많은 돈을 벌게 될 것입니다.

우리는 주는 만큼 받습니다. 그러나 먼저 주어야 합니다. 어디에서 시작하든 중요하지 않습니다. 일용직 노동자라도 여전히 더 많은 것을 줄 수 있습니다. 에너지, 일, 생각을 당신이 받는 보수보다 조금 할애하고 줄 수 있습니다. 일에 조금 더 나은 효율성을 넣으려고 노력해 보세요. 주어진 일을 더 잘할 방법을 찾기 위해 마음을 사용하세요. 머지않아 평범한 노동 계급을 벗어날 것입니다. 어떤 종류의 일도 생각으로 더 나아질 수 있습니다. 어떤 방식이든 생각하면 더 나아질 수 있습니다. 그러므로 당신의 생각을 일에 아낌없이 투자하세요. 일하는 동안 매 순간 '이 일을 더 쉽게, 더 빠르게, 더 잘할 방법이 없을까?'를 생각하세요. 여유 시간에는 일이나 앞으로의 직무와 관련된 모든 것을 읽으세요. 요즘 같은 시대에는 좋은 자료를 쉽게 찾을 수 있습니다.

저널리스트이며 작가인 로리머(Lorimer)의 『자수성가한 상인이 아들에게 보내는 편지 Letters of a Self-Made Merchant to His Son』에 한 젊은이에 관한 이야기가 나옵니다. 그는 일하게 된 지 한 달도 되지 않았을 무렵 사장이 어떤 기계를 사도록 설득했습니다. 그 기계는 현재 일터에서 일하는 사람의 3분의 1만 고용해도 될 만큼 일을 효율적으로 만들어 주는 기계였습니다. 하지만 그는 거기서 머물지 않았습니다. 그는 기계를 관리하고 일꾼과 효율적으로 운영하는 관리자로 자신을 임명하도록 제안했습니다. 이 젊은이는 스스로 노동 현장에서 벗어난 것입니다.

어떤 일에서든 더 잘할 수 있는 방법을 찾아내며 결국 최고 자리에 오를 방법도 찾으십시오. 실제 생활에서도 그런 사람들은 많이 있습니다. 그들은 내려가지 않습니다. 작은 소년과 개에게 쫓기는 고양이처럼 활기가 넘칩니다. 위층 창문에서 소년에게 던져진 고양이는 떨어지는 동안 다음 점프를 준비하고 있습니다. 개가 고양이가 떨어진 곳으로 뛰어올 때쯤, 고양이는 길 건너 나무 위에 올라가 있습니다.

진정한 사업 정신은 용감한 덴마크의 늙은 해군 대장, 피터 토텐스키올드(Peter Tordenskjold)의 정신과 같습니다. 스웨덴 군함의 공격을 받아 선원 전원이 사망하고 포탄이 모두 소진된 상황에서도 피터는 단 한 명의 선원과 함께 싸움을 계속했습니다. 그는 마지막 남은 대포로 주격과 접시, 머그잔을 발사하며 대담하게 전투를 이어갔습니다. 그 머그잔 중 하나가 스웨덴 대장을 맞춰 죽였고 피터는 승리하며 항해를 떠났습니다!

지금 당신 주변을 둘러보세요. 어떻게 하면 당신이 받은 것보다 더 큰 가치를 제공할 수 있을까요? 어떻게 하면 더 나은 서비스를 제공할 수 있을까요? 고용주를 위해 더 많은 돈을 벌거나 고객을 위해 비용을 더 많이 절약할 방법은 무엇일까요? 이런 생각을 언제나 마음에 새기고 일을 해 나가면 더 많은 돈을 어떻게 벌 것인가를 고민할 필요가 없습니다!

백지에 무엇을 적겠습니까?

A Blank Check

나는 평생 돈을 버는 것은 그것을 벌기 위한 노력의 결과라는 것을 어렴풋이 알고 있었습니다. 그러나 최근에야 그 진리를 완벽하게 이해하게 되었습니다. 모든 경험(즐거운 경험과 그렇지 않은 경험)을 통해 알게 된 것은 사람이 준 만큼 정확히 되돌려 받게 된다는 것입니다. 단, 그 양은 배가됩니다.

누군가에게 무엇이든 주면 나에게도 그 무엇이 돌아옵니다. 더 많은 나눔과 배풂을 제공하면 더 많은 혜택이 나에게도 똑같이 되돌아옵니다. 아주 많이 나누면 아주 많이 돌아옵니다.

하지만 언제나 내가 준 것보다 더 많이 돌려받게 됩니다. 마치 한 자루의 감자를 심으면 서른 자루나 마흔 자루의 감자를 얻게 되는 것과 같습니다. 이는 내가 얼마나 많은 것을 누군가에게 주었는가에 정확히 비례합니다.

고용주에게 그가 기대하는 것보다 더 많은 것을 제공하면 그는 내게 임금을 인상해 줄 것입니다. 그리고 그것은 다른 조건이 없을 것입니다. 더 나아가 내게 임금을 인상해 주는 것은 그의 공정한 마음에 달린 것이 아닙니다. 그렇게 하지 않으면 나를 잃게 될 것이기 때문에 어쩔 수 없이 인상해 준 것입니다. 나를 인정하지 않으면 다른 누군가가 나를 인정할 것이기 때문입니다.

그러나 이것은 일부에 불과합니다. 내 옆자리 동료를 도와주면 그가 경쟁자처럼 보일지라도 그 도움은 배가되어 나에게 돌아올 것입니다. 내가 그에게 주는 것은 회사에 주는 것이며 회사는 그것을 소중히 여길 것입니다. 왜냐하면 회사가 주로 원하는 것은 뛰어난 개인의 성과가 아니라 조직 내 팀워크이기 때문입니다.

조직 내에 적이 있어도 동일한 규칙이 적용됩니다. 그를 진정으로 돕기 위해 무언가를 주면 그것은 조직에 대한 서비스가 됩니다. 대기업들은 통솔하고 융합해 내는 인재를 높이 평가합니다. 왜냐하면 성공의 필수적인 요소는 직원들 사이의 조화이기 때문입니다. 상사가 내 노력을 인정하지 않을 때도 동일한 규칙이 적용됩니다. 상사의 인정을 받기 전에 더 많이 주면 그는 자신의 직업을 유지하기 위해서라도 나의 노력을 인정할 수밖에 없습니다.

이 법칙에 대해 더 많이 생각할수록 그것이 얼마나 깊이 작용하는지 알게 될 것입니다. 문자 그대로 우주 법칙의 창조자가 서명한 백지 수표를 당신에게 주고 당신이 원하는 금액과 종류의 지불을 적도록 맡기는 것입니다! 평범한 성공은 이 법칙을 조금 따르는 사람들이 이루는 것입니다. 그들은 수표에 적은 금액만 적어 넣고 큰 비전을 품는 것은 주저합니다. 모든 직원이 이 법칙을 변덕스러운 기분에 흔들리지 않는 확고한 원칙으로 받아들인다면 조직의 성공은 기적적일 것입니다. 많은 사람이 가진 잘못된 두려움 중 하나는, 다른 사람의 성공을 도우면 내가 성공하기 어렵다는 것입니다. 그러나 진실은 정반대입니다.

만약 모든 직원이 자신의 상황을 회사의 눈높이에서 바라본다면 어떨까요? 회사는 성실하게 일하는 노동자에게 무엇을 제공합니까? 복지입니다! 미리 제공하는 서비스입니다! 회사는 공공의 관심을 끌기 위해 무엇을 합니까? 광고합니다. 이것도 서비스의 일환입니다. 이제 내가 직원으로서 모든 기대되는 보수를 받기 전에 내 서비스를 회사에 제공하기 시작한다고 가정해 봅시다. 내가 내 서비스를 광고한다고 가정해 봅시다. 어떻게 할까요? 회사의 사무실이나 상점, 공장, 구내에서 건설적인 일을 하는 것은 모두 나 자신의 서비스를 광고하는 일입니다. 편지를 올바르게 정리하는 것부터 울타리를 수리하거나 고객을 기쁘게 하는 것, 속기사에게 단어를 찾아주는 것부터 그녀가 스스로 찾아보도록 격려하는 것, 고객에게 기계를 시연해 보이는 것부터 그가 직접 시연해 보도록 격려하는 것, 겉보기에는 경쟁자인 동료가 임금 인상을 받도록 돕는 것부터 전체 시즌의 생산량을 판매하는 것까지 모두 포함됩니다.

자신을 홍보한다는 것은 아침에 사무실이나 상점, 작업장에 들어가는 순간부터 시작되는 것입니다. 이것은 피할 수 없습니다. 나를 보는 모든 사람은 '나'라는 홍보를 봅니다. 주변의 모든사람도 하루 종일 '나'라는 홍보를 봅니다. 나의 직속 상사와 회사의 최고 경영자는 어디에 있든 '나'라는 광고판을 봅니다. 내가 나를 선전하는 광고에 부합하는 삶을 산다면, 아무도 '나'라는 우수한 상품의 가치를 떨어뜨릴 수 없습니다.

내가 주는 미소는 진짜 미소여야 하며 그 미소 그대로여야 합니다. 만약 억지로 웃고 다닌다면 억지웃음이 배가되어 돌아올 것입니다. 그러나 내가 진짜 미소를 준다면 진짜 미소가 배가되어 돌아올 것입니다. 만약 누군가가 이것이 이기적인 관점이라고 반대한다면 '목적을 위해 제시된 어떤 구원의 법칙도 모두 이기적인 게 아닌가?' 라고 저는 되물을 것입니다.

이제, 왜 이 법칙을 이렇게 확신해야 하는가? 어떻게 그렇게 확신할 수 있는가? 라고 묻는다면 저는 이 법칙이 작동하는 것을 지켜보았고 어디에서나 작동하는 것을 보았기 때문이라고 답하겠습니다. 당신도 그것을 시도해 보고 지속적으로 켜보십시오. 그러면 그것이 진리임을 알게 될 것입니다. 그것이 그저 진리이기 때문입니다.

신지학자들은 이것을 카르마의 법칙이라고 부르고 인도주의자들은 베풂의 법칙이라고 부르며 사업가들은 상식의 법칙이라고 부르고. 그리스도는 사랑의 법칙이라고 불렀습니다. 내가 그것을 알든 모르든, 믿든 안 믿든, 도전하든 하지 않든, 이 법칙은 지배합니다. 사람은 그것을 깰 수 없습니다!

종교적 견해와 상관없이, 그리스도에게 신성이 있었는지와 상관없이 역사상 가장 위대한 사람이었다는 것은 부인할 수 없습니다. 그런 그리스도 역시 '주라, 그리하면 받을 것이니-넘치도록 풍성하게 받을 것이다!'라고 기록으로 남겨놨습니다. 그리고 이것이 사실인 이유는 그가 그렇게 말했기 때문이 아니라, 그것이 진리이기 때문입니다. 우리가 모두 그것을 인정하든 않든, 진리이기 때문입니다.

주는 만큼 받는다는 법칙은 진리입니다. 이 법칙을 끝까지 따르는 사람은 매우 적지만, 끝까지 따른 사람은 무한한 결과를 얻을 것입니다. 내가 가진 것을 주어야 합니다. 신중하고 지혜롭게 나누며 조직 내에서 직접 실천해 보세요. 얼마나 빨리 당신이 그 조직에서 영향력을 갖게 될 것이며 그렇게 인정받고 보상을 받게 되는지 지켜보십시오. 이 원칙은 모든 지식과 정보보다 더 가치 있습니다. 가진 것을 주십시오. 아이디어가 있다면 혼자만을 위해 아끼지 말고 나누세요. 당신이 줄 수 있는 가장 좋은 것을 주세요. 그것이 당신에게 최고의 결과를 가져다줄 것입니다. 확실하게 이익을 얻을 것입니다. 자기 일에 대해 걱정할 필요가 없을 것입니다. 왜냐하면 근본적인 법칙에 따라 일하고 있기 때문입니다.

법칙은 절대 실패하지 않으며 무엇이 법칙이고 무엇이 아닌지 쉽게 구별됩니다. 진리를 발견하기 위해 주변을 살펴보고 시험해 보세요. 이 방법을 통해 당신이 원하는 '무엇이든' 채울 수 있는 백지 수표가 당신을 기다리고 있으며 기도한 것을 얻는 새로운 방법을 발견할 것입니다.

세 가지 필수 조건

The Three Requisites

흘러간 세월의 얼룩진 기록에

눈물을 낭비하지 말고

페이지를 넘기고 웃어라

오, 웃어라

너를 위해 남아있는

아름답고 하얀 페이지를 보아라.

네 회개를 떠벌리지 말고

신성한 불꽃이 네 안에 있다고 믿어라.

그것이 자라게 하라.

하늘을 향한 영혼이 이룰 수 있는 것을
위대하고 창조적인 힘들이 알고 있다.
그들은 빛이 도토리를
참나무의 높이로 들어 올리듯이
도와주고 강화해줄 것이다.

너는 결심하기만 하면 된다.
그러면 신의 위대한 우주가
네 영혼을 강하게 할 것이다.

— 엘라 휠러 윌콕스 —

거의 모든 기업의 사무실과 제조 공장에서 중요한 임원이 의자에 기대어 앉아, 눈앞의 하얀 종이에 적힌 이름 목록을 검토하고 있습니다. 책임 있는 자리가 비어 있고 오래된 몇 가지 문제에 계속 직면해 있습니다.

'어디서 그 사람을 찾을 수 있을까?' 그는 사람들에게 질문합니다. "이 중에서 가장 주도적인 사람은 누구입니까? 누가 이 책임을 가장 잘 맡을 수 있겠습니까?"

사업에서나 사회생활에서 첫 번째 필수 조건은 자기 자신에 대한 자신감-자신의 능력에 대한 지식입니다. 그것이 있다면 두 번째 조건인 주도적이거나 무언가를 시작할 용기는 쉽게 따라올 것입니다. 많은 사람이 아이디어를 갖고 있어도 그것을 실행할 자신감과 시작할 용기까지 갖고 있는 경우는 드뭅니다. 믿음과 주도적인 성품이 있다면 세 번째 필수 조건도 자연스럽게 따라옵니다. 그것은 모든 장애물 앞에서도 앞으로 나아가 일을 해낼 수 있는 신념입니다.

레오나르도 다 빈치는 "오, 신이시여, 당신은 우리에게 모든 것을 노력의 대가로 주십니다."라고 말했습니다. 사생아로 태어나 아버지의 집에서 자란 그는, 태생의 불운으로 끊임없는 조롱의 대상이 되었습니다. 그는 자신을 높이기 위해 무언가를 해야 했습니다. 그리고 해냈습니다. '노력의 댓가'로 세상에서 가장 위대한 예술가가 되었습니다. 왕과 귀족들은 이 사생아와 함께하는 것을 영광으로 여겼습니다. 그는 자신에게 없던 영광을 오직 작품으로 만들어 낸 것입니다.

마찬가지입니다. 그것이 무엇이든 이루기 위한 첫 번째 필수 조건은 자신의 능력을 알아차리는 것입니다. 당신은 수많은 능력을 물려받았지만 그것들을 잠재된 상태로 두고 있습니다. 그 능력들은 잠재의식에 저장돼 있습니다. 그것들을 불러내어 사용하세요.

당신은 예술가인가요? 다빈치(Davinci)의 재능, 렘브란트(Remb

randt)의 기술, 레이놀즈(Reynolds)의 비전이 당신의 손가락 끝에 깃들어 있습니다. 당신의 잠재의식인 '마음속 지니'를 사용해 그 능력들을 불러내세요. 외과의사, 변호사, 목사, 엔지니어, 사업가인가요? 지금 하고 있는 일을 가장 훌륭하게 해낸 사람들을 계속 마음속에 떠올리세요. 단순히 모델로 삼는 것이 아니라 영감으로 삼으세요. 그들이 멈춘 곳에서 시작하세요. 그들의 기술, 판단력, 주도력을 위해 당신의 잠재의식 깊은 곳을 불러내세요. 당신도 그들만큼 위대해질 수 있다는 것을 깨달으세요. 그들이 한 모든 일, 그들이 배운 모든 것, 그들이 얻은 모든 기술은 우주적 마음에 안전하게 저장되어 있으며 당신의 잠재의식을 통해 그것에 쉽게 접근할 수 있다는 것을 깨달으세요.

당신 안에 있는 마음은 과거의 위대한 정복자들, 위대한 발명가들, 위대한 예술가들, 정치가들, 지도자들, 사업가들에게 힘을 불어넣었던 것과 동일한 마음입니다. 그들이 이룬 것은 아직 해야 할 일들의 일부에 불과합니다. 당신의 시대와 당신 자녀들의 시대에 사람들이 해낼 일은 아직 많이 남아 있습니다. 당신도 그 일에 참여할 수 있습니다. 당신 안에는 누군가 가졌던 모든 힘이 저장되어 있습니다. 그 힘은 오직 연결되어 사용될 부름을 기다리고 있습니다.

자신을 진정으로 발견하기 시작할 날이 인생에서 가장 위대한 날입니다. 모든 사람의 잠재 능력은 그가 생각하는 것보다 더 큽니다. 그것을 열심히 찾으면 발견할 수 있습니다. 한 사람이 오랫동안 땅을 소유하고 있어도 그 가치를 알지 못할 수 있습니다. 그는 그것을 단지 목초지로만 생각할 수 있습니다. 하지만 어느 날 석탄의 흔적을 발견하고 땅 밑에 풍부한 광맥이 있음을 알게 됩니다. 석탄을 채굴하고 탐사하는 동안 화강암 매장지를 발견합니다. 물을 찾기 위해 시추하다가 석유를 발견합니다. 나중에 구리 광맥을 발견하고 그 후에는 은과 금을 발견합니다.

이런 것들은 그가 땅을 단지 목초지로 생각했을 때도 항상 그곳에 있었습니다. 그러나 그것들은 발견되고 활용됐을 때 비로써 가치가 생겼습니다.

모든 목초지에 은과 금, 석유, 화강암, 심지어 석탄이 매장되어 있는 것은 아닙니다. 그러나 모든 사람의 내면에는 아직 발견되지 않은 더 큰 잠재력이 존재할 수밖에 없습니다. 한 번의 발견이 또 다른 발견으로 이어져 그 사람은 가능성의 큰 가치를 찾아낼 것입니다. 역사는 자신의 잠재력을 어느 정도 발견한 사람들의 행적으로 가득 차 있습니다. 그러나 역사는 아직 한 사람이 가질 수 있는 모든 잠재력을 완전히 발견한 사례를 기록하지 못했습니다.

지금까지 이뤄진 인류의 모든 일, 생각, 성취, 존재는 우주적 마음에 저장돼 있습니다. 그리고 당신은 우주적 마음의 일부입니다. 당신은 그것에 접근할 수 있습니다. 필요한 모든 것을 위해 그것을 불러낼 수 있습니다. 마치 정보를 위해 파일이나 도서관을 찾는 것과 같은 방식입니다. 이 사실을 깨달을 수 있다면 당신은 모든 상황을 통제하는 열쇠, 모든 문제의 해결책, 모든 정당한 욕망의 만족을 찾게 될 것입니다.

그 열쇠를 사용하려면 자신의 능력에 대한 믿음, 주도성, 시작할 용기라는 세 가지 필수 요소가 있다는 걸 명심해야 합니다. 필요한 지식은 우주적 마음 안에 있지만 그 마음을 활용하는 것은 당신에게 달려 있습니다. 그리고 이 세 가지 필수 요소가 없으면 할 수 없습니다.

다만 자신이 마땅히 해야 할 일을 하십시오.

옛날이야기 중에 악마가 '한 번은 자신의 모든 도구를 판매한다'는 말이 있습니다. 악마는 테이블 위에 자신의 모든 도구를 펼쳐 놓고 각 도구마다 증오, 악의, 질투, 절망, 병, 감각적 쾌락 등으로 라벨을 붙입니다. 그런데 다른 도구들과 떨어져서 아무 해도 없을 것 같은 도구 하나가 보입니다. 그것은 낙담이라고 적혀 있었습니다. 오래되고 낡아 보였지만 가격은 다른 도구들보다 훨씬 비쌌습니다. 그 이유를 묻자, 악마는 이렇게 대답합니다.

"이 도구는 다른 것들보다 훨씬 더 쉽게 사용할 수 있지. 그리고 이 도구를 사용하면 다른 도구들로는 열 수 없는 모든 문도 쉽게 열 수 있거든. 낙담은 모든 것보다 활용도가 높기 때문이야."

아무도 실패와 성공의 차이가 얼마나 작은지 모릅니다. 이 둘은 낙담이라는 단어 하나로 나뉠 뿐이기 때문입니다. 포드(Ford)나 에디슨(Edison) 같은 성공한 사람들에게 물어보면 실패와 성공을 가르는 간격이 얼마나 좁은지, 그리고 인내와 믿음으로 그 간격을 얼마나 쉽게 메울 수 있는지를 말해줄 것입니다.

자기에 대한 자신감을 키우세요. 성공하고 있다는 느낌을 가지세요. 올바른 일을 할 무한한 힘이 있다는 것을 알아야 합니다. 우주적 마음을 이용할 수 있다면 어떤 직책도, 어떤 문제도 어렵지 않습니다. 자신에게 한계를 두고 자기 능력을 의심할 때, 우주적 마음에 한계를 두고 있는 것입니다. 이것은 당신 내면의 우주적 마음이 일하지 못하게 하는 것입니다.

자기 능력에 대한 지식과 우주적 마음의 무한한 자원에 대한 자신감이 있다면 주도성을 발휘하는 것도, 무언가를 시작할 용기를 찾는 것도 쉬울 것입니다.

몸, 환경, 사업, 건강에 대한 지배권, 이 세 가지 필수 조건을 개발하면 그 지배권을 얻게 될 것입니다. 당신은 우주적 마음의 일부이며 그 일부는 전체의 모든 특성을 공유한다는 것을 기억하세요. 전기의 불꽃이 천둥의 일부이듯, 당신의 마음도 우주적 마음의 일부입니다. 삶에서 원하는 모든 선한 것들, 어떤 자격이나 위치든 노력하면 얻을 수 있습니다. 온 마음을 다해 자신감 있게 한 가지 목표를 갖고 노력하세요. 그러면 그것을 얻을 수 있습니다.

늙은 마녀에게 사로잡히지 말 것

That One Witch-Bad Luck

당신은 매일 일을 어떻게 대하나요?

마주한 일에 두려움을 느끼나요?

자신감 있고 편안한 마음으로

다가오는 과제를 붙잡나요?

앞에 있는 일에 당당히 맞서나요?

아니면 두려워하며 멈춰서 바라보나요?

두려움을 느끼며 일을 시작하나요?

아니면 해낼 수 있다는 느낌으로 시작하나요?

당신의 마음속에 어떤 생각이 있나요?

두려움이 마음속을 지배하나요?

만약 그렇다면

이제부터는 모든 일을

해낼 수 있다고 생각하며 도전해 보세요.

– 에드거 A. 게스트 –

그 늙은 마녀(불운)가 당신의 문 앞에 머문 적이 있나요? 건강이 나빠지고 불운과 걱정이 따라다닌 적 있나요? 이 모든 문제가 나 자신 때문에 생긴 것이란 걸 알면 어떤 기분일까요? 두려움이 단지 부정적으로 떠올린 창조적인 생각이란 걸 알게 된다면 말이죠.

1920년, 사업 전망이 얼마나 좋았는지, 모든 것은 장밋빛으로 보였고 사람들의 삶은 마치 찬란한 노래처럼 유유히 흐르고 있었습니다. 십억 달러의 가치가 있는 농작물을 수확하고 있었고 훌륭한 공공시설, 대규모 철도, 거의 무한한 공장 용량도 갖추고 있었습니다. 모두가 바빴습니다. 정부는 실제로 수 십억 달러의 자금을 보유하고 있었습니다. 은행은 건전했고 고용은 안정적이었습니다. 임금도 좋았습니다. 번영이 일반적이었습니다.

그런데 무슨 일이 일어났습니까? 두려움의 물결이 나라를 휩쓸었습니다. 번영이 오래가지 못할 거라는 생각이 번졌습니다. 사람들은 곧 소비를 줄이게 될 거라는 두려움이 퍼져나갔습니다. 결과는 무엇이었나요?

번영은 하룻밤 사이에 사라졌습니다. 실패가 일반화되었습니다. 수십만 명이 일자리를 잃었습니다. 이 모든 것이 공포와 두려움 때문이었습니다. 물론 재조정이 필요했습니다. 가격이 너무 높았고 재고가 너무 많았으며 전반적으로 가치가 부풀려져 있었습니다. 하지만 가스를 빼기 위해 풍선을 터뜨릴 필요는 없었습니다. 최소한의 피해로 상황을 적절한 수준으로 되돌리는 질서 있는 자연적 조정 과정이 있습니다.

그러나 두려움과 공포는 이성적이지 않습니다. 그것은 두려워하는 것들을 하룻밤 사이에 현실로 만듭니다. 이것은 인류의 가장 큰 고통입니다. 지옥이 있다면 그것은 두려움 때문입니다. 두려움은 악마와 같습니다. 그것은 세상의 대부분의 죄, 재앙, 질병, 고통을 야기합니다. 사업에 두려운 마음을 드리우면 즐거움이나 돈으로 아무런 배당도 받지 못합니다. 나빠지지 않아도 만족을 얻지 못합니다.

모든 질병의 진짜 원인도 두려움입니다. 두려움이 얼굴을 창백하게 만들고 처음에는 심장 박동에 영향을 미치고 분비물을 변화시키며 소화 과정을 멈추게 합니다. 얼굴에 주름을 생기게 하고 머리를 하얗게 만듭니다.

마음은 인간 몸의 모든 기능을 조절합니다. 잠재의식 앞에 병에 대한 두려움, 감기나 비염, 열병이나 소화 불량에 관한 생각을 넣으면 잠재의식은 그 생각들을 몸에서 실현하게 될 것입니다. 몸 자체는 단지 물질에 불과하기 때문입니다. 마음을 빼면 몸은 테이블처럼 무기력하고 생명이 없으며 감각도 없는 단순한 물체일 뿐입니다.

심장의 박동부터 땀샘의 분비물까지, 몸의 모든 기능은 마음의 지배를 받습니다. 음식의 소화도 손가락을 움직이는 것만큼이나 마음의 기능입니다. 따라서 중요한 것은 뱃속에 어떤 음식을 넣느냐가 아니라, 마음이 그 음식을 어떻게 처리하려고 결정했는지입니다. 특정 음식이 당신을 아프게 할 것이라고 마음이 느끼면 그 음식은 당신을 아프게 할 것입니다. 반면에 그 음식이 당신을 아프게 할 이유가 없다고 결정한다면 마음은 해를 끼치거나 불편함 없이 그 음식을 제거하도록 몸에 지시를 내립니다.

몸은 도공의 손에 있는 진흙과 같습니다. 마음이 원하는 대로 만들 수 있습니다. 진흙은 어떤 형태를 취할지에 대해 아무 말도 하지 않습니다. 마찬가지로 머리, 심장, 폐, 소화 기관도 상황이 어떻게 그들에게 영향을 미칠지에 대해 아무 말도 하지 않습니다. 그것들이 어지럽거나 병이 나거나 절뚝거릴지 여부를 결정하는 것은 마음입니다. 마음이 결정한 후에야 그것들은 그에 따릅니다. 물질은 마음에 의해 제대로 유지되면 어떤 조건에서도 해를 입지 않습니다. 그리고 이렇게 한 번 해낸 일은 다시 해낼 수 있습니다.

당신의 근육, 신경, 뼈는 자체적으로 감각이나 지능이 없으며 마음이 지시하는 대로 조건에 반응한다는 것을 이해하십시오. 그렇다면 더 이상 어떤 기관도 불완전하거나 약하거나 병들었다고 생각하거나 말하지 않을 것입니다. 더 이상 피곤한 몸, 아픈 근육, 지친 신경에 대해 불평하지 않을 것입니다. 반대로 무한한 힘과 넘치는 활력에 대한 생각을 굳게 유지할 것입니다. 셰익스피어(Shakespeare)가 말했듯이, '좋고 나쁜 것은 없고 생각이 그렇게 만들 뿐'임을 알게 될 것입니다.

재앙을 두려워하지 마세요. 재앙에 대한 두려움은 그것을 초대하는 것과 같습니다. 두려움은 생생하여 잠재의식에 쉽게 각인됩니다. 그리고 그렇게 각인됨으로써 두려워하는 것을 현실로 만듭니다. 두려움은 우리가 때때로 만들어내는 프랑켄슈타인 괴물과 같아서 만들어진 후에는 창조자를 해치려 듭니다. 당신이 소중히 여기는 무언가를 잃을지 두려워하면 그 두려움이 그것을 잃게 만드는 원인이 됩니다. 두려움은 악마입니다. 그것은 지구를 돌아다니며 삼킬 대상을 찾는 포악한 사자와 같습니다. 두려움으로부터 안전해지는 유일한 방법은 그것을 그저 내버려 두는 것입니다. 관심을 둘 필요가 없습니다.

꿈에 사로잡힌 자

He Whom a Dream Hath Possessed

갚아야 할 빚을 두려워하는 사람은 빚에 집중하고 더 큰 빚을 만들어 냅니다. 손실을 두려워하는 사람은 손실을 시각화함으로써 그것을 만들어 냅니다. 두려움에 대한 유일한 해결책은 악은 힘이 없다는 것, 실체가 없다는 것, 단지 결핍일 뿐임을 아는 것입니다. 건강이 나빠질까봐 두려워하지만 건강이 좋은 상태에 집중하면 오히려 건강을 좋은 상태로 유지할 수 있습니다. 기능 장애는 잘못된 생각에서 비롯됩니다. 이 상황들을 치료하는 방법은 약이 아니라 올바른 생각입니다. 문제는 몸에 있는 것이 아니라 마음에 있기 때문입니다.

심리학자인 팬스워드는(Farnsworth) 그의 책『실용 심리학 Practical Psychology』에서 한 남자에 대해 언급합니다. 이 남자는 어릴 때 체리와 우유를 함께 먹으면 아프다는 생각을 갖게 됐습니다. 그는 두가지 모두 매우 좋아했지만 함께 먹지 않도록 조심했습니다. 왜냐하면 두 가지를 한꺼번에 먹으면 언제나 아팠기 때문이었습니다. 팬스워드는 그 질병에 근거가 없음을 언급합니다. 이후 잘못된 생각이었다는 걸 정신적으로 치료한 후, 남자는 다시는 그 문제를 겪지 않았습니다. 이 남자는 45년 동안 이 문제로 고생했지만 단 한 번의 치료로 문제가 해결되었습니다. 이것은 알코올 중독 환자의 환각 속 뱀과 같습니다. 생각을 없애면 증상도 사라집니다.

두려움은 모든 신체적 장애의 주된 원인입니다. 분쟁은 존재합니다. 그리고 분쟁은 항상 있을 것입니다. 그러나 분쟁은 단지 시련과의 싸움일 뿐입니다. 극복할 어려움도 인생에 꼭 필요합니다. 하지만 두려워할 것은 없습니다. 모든 것은 마음의 결과입니다. 그러므로 생각을 좋은 것들, 나타나기를 바라는 조건들에만 집중하세요. 건강, 힘, 풍요, 행복을 생각하세요. 가난과 질병, 두려움과 걱정의 생각을 집안의 오물을 치우듯 마음에서 멀리 내보내세요. 두려움과 걱정은 마음의 오물로 모든 문제와 질병을 일으킵니다.

부정적인 시각을 가진 사람을 주변에서 멀리하세요. 전염병처럼 피하세요. 부정적인 사람은 아무것도 성취할 수 없습니다. 그는 시작하기도 전에 이미 실패한 것입니다. 그런 사람이 당신을 끌어내리지 않도록 하세요. 사업이나 사회생활에서 잘못된 일을 저지르는 가장 확실한 방법은 스스로를 초조하게 하고 걱정하고 화내는 것입니다.

고요하고 평화로운 호숫가에 서서 물에 비친 모습을 본 적이 있나요? 나무들, 산들, 구름들, 하늘이 모두 그대로 완벽하고 아름답게 비치죠. 하지만 바다에서는 그런 모습을 볼 수 없습니다. 바다는 바람이나 파도, 조수로 인해 끊임없이 흔들리기 때문입니다. 마음도 마찬가지입니다. 마음이 항상 걱정으로 가득 차 있고 두려움의 파도, 분노의 바람, 고된 노동에 계속 흔들린다면 우주적 마음의 풍요로움과 충분함을 반영할 수 없고 평화와 건강과 행복을 비출 수 없습니다. 때로는 마음을 쉬게 해야 합니다. 마음에게 기회를 주어야 합니다. 최선을 다했을 때 결과를 우주적 마음에 맡기고 자신 있게 기대어 쉴 수 있어야 합니다.

잘못된 생각이 몸에 불화를 일으키듯이, 사업에서도 문제가 생깁니다. 외부의 악영향보다 우리 자신의 두려움과 잘못된 생각으로부터 더 보호받아야 합니다. 우리는 다른 사람의 잘못이나 탐욕, 부정직, 이기적인 야망 때문에 고통받을 필요가 없습니다. 그러나 우리가 그런 고통을 받아야 한다는 두려움을 품고, 그것을 생각 속에 받아들이면 문제가 생깁니다. 그것이 괴롭히도록 허용하면 스스로 고통을 자초하는 것입니다. 불화의 모든 제안을 거부하고 어떤 상황이나 누가 무엇을 하려고 하든 상관없이 조화롭게 지배받을 자유가 있습니다.

왜 옛 군인들이 30대나 40대의 장년 남자들보다 18세나 20세의 젊은 병사들을 더 선호했습니까? 그들이 더 멀리 행군할 수 있어서가 아닙니다. 더 많은 짐을 나를 수 있어서도 아닙니다. 그 이유는 그들이 밤에 잠들면 정말로 잠을 자고 모든 걱정을 잊기 때문입니다. 그들은 새로운 날과 새로운 세상을 맞이할 준비가 되어 아침에 깨어납니다. 하지만 나이 든 사람들은 하루의 긴장을 다음 날까지 이어갑니다. 그들은 걱정합니다. 그렇게 몇 달이 지나 신경쇠약에 걸립니다. 이 문제는 대부분의 사업가에게도 해당 됩니다. 그들은 결코 마음의 짐을 털어내지 않고 걱정합니다! 매일의 걱정을 다음 날로 이어가다 결국 그 부담이 감당할 수 없을 만큼 커지게 됩니다.

운명의 장애물

The Bars of Fate

두려움은 이 세상에 선과 악이라는 두 가지 힘이 있다고 믿는 것에서 비롯됩니다. 마치 빛과 어둠처럼 말이죠. 하지만 사실 악은 어둠처럼 실체가 없습니다. 물론 때로는 선과의 연결이 끊길 때도 있습니다. 두려움과 걱정이 선과 나 사이에 끼어들도록 허락하면 이후 모든 것이 어둡게 보입니다. 그러나 태양은 여전히 그 구름 저편에서 빛나고 있으며 그 구름을 몰아내면 다시 빛을 볼 수 있습니다. 이 사실을 깨닫고 필요할 때 자신 있게 선에 의지하면 언제나 선의 힘을 사용할 수 있습니다. 무엇을 두려워할 필요가 있을까요? 올바른 방법으로 하면 우리의 필요는 충족됩니다. 그 필요가 무엇이든 상관없습니다.

지금까지 당신이 할 수 있는 모든 것을 다 해봤습니다. 그러나 성공하지 못했다면 이제 우주적 마음에 도움을 청하지 않을 이유가 어디 있습니까? 이제 '원하는 모든 것을 올바르게 줄 것'이라는 믿음만 가지면 됩니다. 자신의 문제를 우주적 마음에 맡기십시오. 많은 사람이 물질적인 것을 위해 기도하는 것을 주저하지만 우주적 마음이 이 모든 것들을 만들었다면 이 물질을 구하는 것이 나쁜 행동이 될 수 없습니다. 당신 역시 선하게 사용하려는 의도가 있다면 그것을 반드시 구하십시오.

당신의 사업과 일이 좋은 일이라고 느낄 수 있다면, 그것이 위대한 계획을 조금이라도 진전시키고 있다고 확신할 수 있다면, 빚이나 부족함, 한계를 두려워할 필요가 없을 것입니다. 우주적 마음은 그 일을 수행하기 위한 자원이 절대 부족하지 않습니다. 당신이 있는 곳에 우주적 마음이 있고 그곳에 우주의 모든 힘과 공급이 있습니다. 당신은 전력을 공급하는 발전소의 주인과 같습니다. 무한한 전기가 있지만 전기를 끌어와 전선에 연결하려면 발전기를 가동해야 합니다. 마찬가지로 당신 주변에는 무한한 부가 있습니다. 그 부를 자신과 세상에 유용한 형태로 가져오기 위해서는 마음의 발전기를 작동시켜야 합니다. 그리고 그것과 일치된 행동을 해 나가며 당신 앞에 모든 꿈과 바람이 어떻게 성취되는지 지켜보십시오.

그러므로 현재 돈이나 다른 물질적인 것들이 부족하다고 걱정하지 마세요. 다른 사람이 가진 것을 빼앗으려고 하지 마세요. 돈이 있는 곳으로 가세요! 올바른 마음의 사용을 통해 얻을 수 있는 잠재적인 부에 비하면 현재 눈에 보이는 물질적인 부는 너무 작아서 비교할 가치도 없습니다. 큰 보상은 개척자들에게 주어질 것입니다. 철강왕 카네기(Carengie), 소매업의 혁신가 울워스(Woolworth), 자동차 산업의 선구자 포드(Ford)를 보세요! 매년 새로운 개발 분야가 열리고 새로운 세계가 발견됩니다. 증기, 가스, 전기, 전신, 무선, 자동차, 비행기, 이 모든 것들은 새로운 가능성의 세계를 열어줍니다.

백 년 전 사람들은 아마도 발견될 수 있는 모든 것이 이미 발견됐다고 생각했을 것입니다. 알려질 수 있는 모든 것이 이미 알려졌다고 생각했겠죠. 지금 당신도 그렇게 느낄 수 있습니다. 하지만 지난 백

년 동안 인류가 이룩한 엄청난 발전을 보세요. 그리고 인간이 잠재의식의 무한한 힘을 활용하는 법을 배우면 미래에는 우리가 어떤 발전을 이룰지 상상할 수 없습니다.

땅속 깊은 곳에는 엄청난 보물이 숨겨져 있습니다. 이 오래된 세상을 더 살기 좋은 곳으로 만들 수 있는 수백만 가지 방법이 있습니다. 이 보물 중 일부를 찾아내고 그 방법 중 몇 가지를 찾기 위해 당신의 마음을 일하게 하세요. 누군가가 그 길을 개척하기를 기다리지 마세요. 산타 마리아호에 누가 탔는지는 아무도 기억하지 못하지만 콜럼버스(Columbus)의 이름은 영원히 알려질 것입니다! 카네기(Carengie)가 백만장자를 백 명 만들었다고 하지만 그는 거의 억만장자가 되었습니다!

'더 나아갈 필요가 없다. 여기가 개척의 끝이다' 라고
그들은 말했고 나도 믿었다.
땅을 갈고 씨를 뿌리고
작은 국경 마을에 헛간을 짓고 울타리를 쳤다.
그곳은 산맥 아래에 숨어 있는 곳으로 길이 끝나는 곳이었다.

양심처럼 거슬리는 목소리가 끊임없이 변하며

밤낮으로 하나의 끝없는 속삭임을 반복했다.

'뭔가 숨겨져 있어. 가서 찾아. 산맥 뒤를 봐.

산맥 뒤에 숨겨진 것이 있어.

그것은 너를 기다리고 있어. 가봐!'

– 러디어드 키플링 –

당신의 마음은 우주적 마음의 일부입니다. 당신은 모든 시대의 지혜를 끌어올 수 있습니다. 활용하십시오! 당신의 일을 이전에 없던 방식으로 수행하는 데 이를 사용하십시오. 사업을 위한 새로운 출구를 찾고 사람들에게 다가갈 새로운 방법과 더 나은 서비스 방법을 발견하는 데 사용하십시오. 새로운 부를 발견하고 세상을 더 살기 좋은 곳으로 만드는 방법을 배우는 데 이를 사용하십시오. 집중하십시오. 당신 뒤에는 우주적 마음이라는 거대한 저수지가 있다는 것을 기억하십시오. 이 모든 것이 이미 그곳에 존재합니다. 당신이 그것들과 접촉하기만 하면 그것들이 드러날 것입니다.

이러한 깨달음에 바탕을 둔 낙관론자는 결코 지나친 자신감을 가진 게 아닙니다. 그것은 절대적인 신념에서 오는 기쁨에 찬 확신입니다. 이 확신이 미국대통령 윌슨(Wilson)을 세계적인 뛰어난 지도자로 만든 것입니다. 이 확신이 남북 전쟁의 암울한 시기에 링컨(Lincoln)에게 용기를 준 것입니다. 이 확신이 로마에 맞서 싸운 한니발(Hannibal)과 프랑스 황제 나폴레옹(Napoleon)을 알프스를 넘어가게 한 힘이었습니다. 알렉산더(Alexander) 대왕이 더 많은 세계를 정복하기를 바라게 했고, 코르테스(Cortez)와 그의 작은 무리가 한 나라를 정복할 수 있게 한 힘이었습니다.

우주적 마음이 일상적인 필요에 언제든 이용 가능하다는 생각을 받아들이십시오. 그러면 시야는 넓어지고 능력은 향상될 것입니다. 깨닫게 될 것입니다. 오직 스스로에게 부과한 한계만이 제한할 뿐이라는 것을요. 그때는 더 이상 당신의 길을 막는 어려움이나 반대 같은 것은 존재하지 않을 것입니다.

운동

Exercise

우리는 매일 몸에 영양을 공급하지만 더 중요한 부분인 마음에 영양을 공급하는 것에 소홀했습니다. 이제 매일 시간을 내어 마음에

양식을 제공합시다. 우선, 긴장을 풀어보세요! 편안하게 눕거나 안락의자에 앉아 모든 근육을 풀고 모든 긴장을 느슨하게 하고 두려움이나 걱정을 잊어버리세요. 정신적으로나 육체적으로나 긴장을 푸세요.

쉽지 않다면 이렇게 해 보세요. 편안하게 소파나 침대에 기대어 눕습니다. 먼저 몸을 충분히 늘여서 뻗은 후, 다시 편안한 자세를 취합니다. 오른쪽 다리를 30~60cm 정도 들어 올렸다가 힘없이 떨어뜨립니다. 천천히 두 번 반복합니다. 왼쪽 다리도 같은 방식으로 합니다. 오른팔도, 왼팔도 같은 방식으로 합니다. 그러면 모든 근육이 이완된 것을 느낄 수 있습니다. 몸의 근육을 잊고 다른 생각을 할 수 있습니다.

당신이 가진 무한한 힘을 인식하려고 노력해 보세요. 시간을 거슬러, 태초에 마음이 무(無)에서 하늘과 땅과 그 안에 있는 모든 것이 생겨난 순간을 떠올려 보세요. 당신의 마음이 우주적 마음에 비해 바다의 한 방울에 불과할지라도, 이 안에는 거대한 바다의 모든 특성이 있습니다. 양은 다르지만 질은 같은 것입니다. 당신의 마음은 우주적 마음의 모든 창조력을 갖고 있습니다.

만약 당신이 신의 형상대로 만들어졌다면 결코 좋은 것에서 부족할 이유가 없습니다. 당신 주위에는 우주적 마음이 하늘과 땅을 형성한 것 같은 전자 에너지가 있습니다. 그것으로 무엇을 만들고 싶습니까? 인생에서 가장 원하는 것은 무엇입니까? 그것을 마음에 간직하고 시각화하고 보십시오! 명확하고 뚜렷하게 만드십시오. 필요한 것은 진실한 소망입니다.

두 번째는 시각화입니다. 당신 자신이 그것을 하는 것을 보는 것입니다. 그리고 믿음입니다, 원하는 것을 가질 수 있다고 믿는 것입니다. '가질 것이다'가 아니라 '이미 갖고 있다'는 믿음입니다.

마지막은 감사입니다, 즉 이미 받은 것에 대한 감사, 그것을 창조할 수 있게 해준 힘에 대한 감사, 마음이 당신의 발 앞에 놓아준 선물에 대한 감사입니다.

용기는 두려움 속에서도 한 걸음 나아가는 것이다.

우리가 두려움을 느끼고 있을 때

가장 중요한 것은 그 두려움을 인정하고

계속 앞으로 나아가는 것이다.

당신이 스스로를 믿고, 내면의 힘을 믿는다면

많은 장애물도 극복할 수 있다.

어둠 속에서도 별이 빛나듯

어려운 순간에도 내면의 빛을 잃지 말자.

성공은 결국 용기를 가지고 계속 나아가는 데 있다.

5장

나는 왜
가난해도
됩니까?

영혼이여, 일어나서 다시 준비하라.

비록 죽음이 이 문 앞에 다가와 있을지라도

너는 구걸하는 거지가 아니다.

여전히 네 운명의 자랑스러운 주인이 되어라.

- 케넌 콕스 -

무엇이 부족한가?

Your Needs Are Met

　죽음을 앞둔 어느 노인이 둘러 모여 있는 가족들에게 이렇게 말합니다. "얘들아, 나는 인생에서 많은 걱정을 했단다. 정말 많은 걱정을 했지만 그중 대부분은 실제로 일어나지 않았지. 너희는 나처럼 걱정으로 인생을 낭비하지 않기를 진심으로 바란다."

　우리도 많은 부면에서 이 노인과 같습니다. 걱정 때문에 문제들에 짓눌리지만 실제로 일이 닥치면 해결할 방법이 마련된다는 것을 발견하게 됩니다. 록펠러 연구소의 자크 로브 박사 (Dr. Jacques Loeb) 는 식물에서 발견된 기생충을 대상으로 일련의 실험을 진행했습니다. 그 결과, 가장 낮은 단계의 생물조차도 특별한 필요를 충족시키기 위해 우주적 공급을 요청할 수 있는 능력을 갖추고 있다는 사실이 밝혀졌습니다. 실험 보고서에는 이렇게 적혀 있습니다.

'화분에 심은 장미 덤불을 방으로 가져와 닫힌 창문 앞에 놓고 말라버리게 두면 이전에는 날개가 없던 진딧물(기생충)이 날개 달린 곤충으로 변했다. 변태 후, 이들은 식물을 떠나 창문으로 날아간 다음 유리를 타고 위로 기어 올라갔다. 이 작은 곤충들은 자신들이 살고 있던 식물이 죽었다는 사실을 알아차렸다. 따라서 더 이상 이 식물에서 먹고 마실 것을 얻을 수 없다는 것을 깨달았다. 이들이 굶주림에서 벗어날 수 있는 유일한 방법은 임시 날개를 자라게 해서 날아가는 것이었고, 그들은 그렇게 했다.'

이 생명들의 살아남겠다는 충실한 본능이, 이주할 수단을 찾았을 때 우주적 공급이 이주 수단을 제공한 것입니다.

우주적 마음이 가장 하찮은 피조물에게도 이렇게 공급할 수 있다면 당신에게는 어떨까요? 우리가 그것을 부르고 약간의 믿음을 가진다면 어떤 결과를 얻게 될까요? 창조물 중 가장 높은 지성을 가진 인간인 나 자신은 더 많은 것을 얻게 될 거로 생각하는 것이 논리적이지 않습니까?

넘어서기 어렵다고 느껴지는 가장 극한의 어려움 속에서 모든 것을 걸고 간절하게 움직일 때, 바로 그때 기적은 일어납니다. 실패할 수 없는 상황에서 절박하고 확실한 단 하나의 가능성에 모두 걸었기 때문입니다. 이 모든 것을 이루는 방법이란 게 편히 누워서 생기는 방식이 아닙니다!! 할 수 있는 최선을 모두 하되, 그 결과를 걱정할 필요가 없다는 의미입니다. 걱정하거나 초조해하지 마세요. 더 필요하다면 충족될 것입니다. 할 일을 모두 하고 난 뒤 하루가 저물 때 자신감을 품고 편안히 쉬면 됩니다. 나머지는 지니가 해결해줄 거라고 믿고 의지하세요.

큰 재난 앞이라도 단지 '고요하게 믿는다면' 더 나은 삶을 살 수 있는 방향으로 일이 진행돼 갑니다. 그러나 걱정하고 불안에 떨면서 결정을 내리기 때문에 많은 잘못된 선택을 하고 맙니다. 더 많이 걱정하고 불안해 할수록 잘못될 가능성은 더 커진다는 것을 모른 채 말입니다.

우주적 마음의 모든 것은 어떤 문제를 해결하는 데 필요합니다. 공급은 항상 당신이 있는 곳과 필요한 곳에 있습니다. 그것이 병이든 문제든, 가난이든 위험이든, 해결책은 그곳에 있으며 당신의 부름을 기다리고 있습니다. 무한한 자원이 있다는 것을 알고 당당히 어려움에 맞서세요. 그러면 이 힘이 당신 주위를 둘러싸고 도우러 오는 것을 발견하게 될 것입니다. 절망의 순간, 영혼에서 알 수 없는 에너지가 솟아오르는 것을 느낄 수 있게 될 것입니다.

어려움이 전혀 없다는 의미가 아닙니다. 더불어 어려움이란 사실 당신에게 좋은 것입니다. 어려움은 마음을 단련하는 기회입니다.

어려움을 극복해 나가면서 사람은 더 강해집니다. 어려움을 통해 마음 사용법과 우주적 공급을 활용하는 법을 배우게 됩니다. 어려움이 축복을 줄 때까지, 다시 말해 그 과정에서 무언가를 배울 때까지 포기하지 마세요.

이것을 기억하세요. 인류에게 아무리 큰 재앙이 닥치더라도, 그래서 얼마나 큰 손실이 있더라도, 당신과 당신의 가족은 그것으로부터 자유로울 수 있습니다. 항상 안전할 방법이 있습니다. 진리를 아는 소수는 언제나 구원받을 수 있는 '방주'가 있습니다. 그 방주의 이름은 바로 진리를 아는 것입니다. 자기 내면에 있는 힘을 아는 것입니다. 시련에서 도망치거나 무감각해지려고 할 필요가 없습니다. 해야 할 것은 알게 된 것을 적용하는 것입니다.

즉, 우주적 마음과 내 마음이 함께하면 대처할 수 없는 상황은 없다는 것을 아는 것입니다. 모든 문제의 올바른 해결책은 우주적 마음에 있습니다. 그 해결책을 찾기만 하면 시련은 극복됩니다.

만약 악이 위협하거나 실패, 질병 또는 사고가 임박해 보인다면 올바른 조건이 모자란 상태일 뿐입니다. 따라서 마음을 통해 올바른 조건을 찾아야 합니다. 이 올바른 조건이 그것들을 무효로 할 것입니다. 이렇게 한다면 필요를 충족시킬 수 있는 모든 것을 가져올 수 있다는 것을 알게 될 것입니다. 이 진리를 깨닫는다면 당신의 필요가 클수록 더욱 확실하게 충족될 것입니다. 당신의 생각은 강력한 힘을 가지고 있다는 것을 기억하세요. 그것은 창조적입니다. 생각에는 시간이나 공간의 제약이 없습니다. 그리고 언제든 사용할 수 있습니다.

걱정과 두려움은 잊어버리세요. 대신에 보고 싶은 상황을 시각화하세요. 그것들이 가능하다는 걸 깨닫기를 바랍니다. 원하는 걸 이미 갖고 있다, 필요로 하는 것이 이미 충족되었다고 선언하세요. 자기 자신에게 말해보세요. "마음이 나에게 이런 좋은 것들을 제공해주어서 얼마나 감사한가. 나는 감사할 수 있는 모든 것을 가지고 있다."라고 말입니다.

이렇게 할 때마다 생각을 잠재의식에 각인시키고 있는 것입니다. 이것이 진실임을 잠재의식에게 확신시키는 순간, 마음은 그것을 실현하기 시작할 것입니다. 희망이 전혀 없는 상태도, 너무 절망적인 상황도 이 진리로 구원받을 수 있습니다. 의사들이 포기한 환자들도 사랑하는 사람의 믿음 덕분에 기적적으로 회복된 사례가 많습니다. 뉴욕시의 한 독자가 다음과 같이 글을 남겼습니다.

"이 책을 읽는 모든 분이 저처럼 많은 것을 얻길 바랍니다. 저는 이 책을 한 번 읽고 나서 명확한 깨달음을 얻었습니다. 그 깨달음으로 친구도 병원에 묶어 두던 정신적인 사슬을 끊을 수 있었습니다. 친구는 3일 만에 병원을 나왔습니다. 이를 본 의사들은 매우 놀랐습니다."

큰 문제는 믿지 않는 것입니다. 그러면서 문제를 찾으려고만 합니다. 악재가 반드시 올 것으로 생각하고 그것을 계속 생각하고 준비하는 것입니다. '겁쟁이는 죽기 전에 여러 번 죽지만, 용감한 사람은 한 번만 죽는다.'라는 말이 있습니다. 자신을 의심하고 능력을 의심하며 주위의 모든 사람과 모든 것을 의심합니다. 그렇게 에너지를 소모하고 열정을 죽이며 성공을 막습니다.

소원과 바람 뒤에 '하지만'을 붙입니다. 마음 깊숙이 너무 좋은 일은 사실일 리 없다고 느끼기 때문입니다. 좋은 일들을 막는 다른 힘이 있다고 생각하고 자신의 바람이 어떻게 이뤄질지 알 수 없다며 의심합니다. 그렇게 일어날 수 있는 좋은 일에 한계를 두는 것입니다. 당신의 마음은 우주적 마음의 일부입니다. 그리고 모든 것을 공급할 수 있습니다. 당신은 그 공급을 받을 자격이 있으며 받아들일 수 있는 만큼 받을 수 있습니다. 적게 기대하면 적게 받게 됩니다. 기대를 낮추면 받는 능력이 줄어들기 때문입니다. 당신의 바람이 무엇이든, 그것이 올바른 바람이라면 상관없습니다.

만약 당신의 아들이 기차를 갖고 싶어 하고 충분히 사줄 수 있다면 그림책을 대신 사주지 않을 것입니다. 마찬가지로 우주적 마음도 바람이 번영의 지성에 반대되지 않는 한 아무리 사소해 보여도 만족시켜 줄 것입니다.

신을 멀리 있는 존재나 엄격한 심판관이 아니라 자연처럼 자비로운 힘으로 생각할 수 있다면 어떨까요? 신은 꽃이 피고 식물이 자라는 생명의 원리입니다. 우리 주변에 풍요를 퍼뜨리는 힘입니다. 신이 모든 것을 공급하는 우주적 마음이라는 것을 이해할 수 있다면 어떨까요? 신은 우리의 어린 시절 장난감부터 성인이 된 후 필요한 것들까지 주실 수 있습니다. 마음의 소원을 이루기 위해 필요한 것은 신의 존재를 올바르게 이해하는 것뿐입니다. 그러면 모든 두려움, 걱정, 한계 의식을 없앨 수 있을 것입니다.

우주적 마음은 무한하고 제한 없는 선의 원천입니다. 삶에서 원하는 좋은 것들의 원천이기도 합니다. 우주적 마음에게는 큰 문제나 작은 문제가 없습니다.

창조의 힘이 당신 자신의 힘이다.

The Science of Thought

우주적 마음과 함께하는 작용은 당신이 하는 모든 일에 사용할 수 있습니다. 우주적 마음은 삶의 일부에만 나타날 수 없고 모든 부분에 존재합니다. 아무리 하찮고 단순해 보이는 일이라도 올바르게 수행되는 모든 일은 우주적 마음의 영감을 받습니다. 그리고 모든 사람에게 공평하게 사랑과 축복을 줍니다.

매일 잘한 일에는 가치 있는 보상이 따릅니다. 매일 행복할 기회가 주어집니다. 하지만 그 보상은 미래에 보이는 큰 목표와 비교하면 너무 작아 보입니다. 그래서 그것들을 무시하고 지나치며, 높은 지위와 눈부신 영광이 살면서 쌓아 올린 작은 과업들과 작은 보상의 총합이라는 것을 깨닫지 못합니다.

어떤 직업이 더 가치 있다고 말할 필요가 없습니다. 무엇을 하든, 시를 쓰고, 곡을 연주하고, 예술을 창조하는 이상적인 영역이든, 종교나 자선 활동이든, 정부, 사업, 과학 분야든 혹은 단순한 집안 일도 상관없습니다. '무엇을 하든' 모든 영감을 마음껏 활용할 수 있습니다.

어떤 필요가 생기거나 어려움에 직면했을 때 잠시 눈을 감고 생각하세요. 당신 안에 이미 있는, 무한한 창조의 힘을 가진 우주적 마음과 동일한 조건으로 만들어진 내면이 있다는 사실을 떠올리세요. 나의 내면과 우주적 마음은 가장 좋은 해답을 알고 있다는 것을 깨닫기를 바랍니다. 당신의 잠재의식은 우주적 마음의 일부이므로 알 수 있습니다. 따라서 문제를 잠재의식에 맡기세요. 그것이 해결책을 찾을 거라는 굳은 확신을 가지세요. 그런 다음 잠시 잊어버리세요. 때가 되면 그 필요는 충족될 것입니다.

심신의학 전문가인 윈빅글러 박사(Dr. Winbigler)는 이 아이디어가 어떻게 작동하는지 다음과 같이 설명합니다. "마음에 심어진 생각은 도덕적, 신체적으로 완전한 변화를 불러올 수 있다. 인간이 정신적으로 어린아이와 같이 되어 내면을 완전히 신뢰한다면, 가장 큰 힘이 건강과 균형을 확립하는 데 사용될 것이다. 그 결과는 말로 다 표현할 수 없는 위안, 정신적 안정, 축복이다. 걱정과 두려움, 삶의 괴로움으로 고통받고 있는 경우라면 하루에 두 번 조용한 방이나 장소에 가서 누워 모든 근육을 이완시키고 자신을 괴롭히는 일에 완전히 무관심하라.

얼마 지나지 않아 감정에 큰 변화가 있음을 느낄 것이다. 고통이 잦아들고 삶이 일부분이라도 밝고 희망차게 보일 것이다. 이 법칙을 이용하는 사람들은 놀라운 결과를 짧은 시간 안에 얻을 수 있다."

잠재의식은 인간과 하늘을 연결하는 고리이며 그 법칙을 따름으로써 무한한 자원과 연결됩니다. 이것이 질병을 치료하는 비결이며 행복하고 영원한 삶을 가능케 하는 기초입니다. 암시는 하늘이 주는 것을 확보하는 방법이고 마음은 이러한 선물을 받는 매개체입니다. 이것은 이론적인 문제가 아니라 사실입니다. 아픈 사람이나 건강을 유지하고 싶은 사람이 일정한 시간 동안 이완하고 열린 마음과 믿음을 가지면 유익하고 변함없는 결과를 확인할 수 있을 것입니다.

어디 있든, 무엇을 하든,
지금 이 순간부터

The Master of Your Fate

겁쟁이는 전투의 가장자리에서 머뭇거리며 생각했다.

'내게 더 날카로운 칼이 있다면 좋을 텐데..

왕자의 푸른 칼처럼 말이야

하지만 이 무딘 칼로는 안 돼…!'

그러고는 고개를 숙이고 슬그머니 물러나 전장을 떠났다.

그때 왕자가 왔다.

그는 상처 입고 무기 없이 고통스러워하며

부러진 칼을 보고 달려가 그것을 잡아 쥐었다.

전투의 함성을 지르며 칼을 들어 적을 베어냈고

그 영웅적인 날에 위대한 대의를 구했다.

– 에드워드 롤런드 실(Edward Rowland Sill) –

65세가 되면 당신은 어디에 있을까요? 65세가 된 미국 은행가 협회(American Bankers Association)가 25세 남성 100명을 추적해 조사한 결과에 따르면 현재 6명 중 5명은 누군가에게 의지하며 살아간다고 합니다. 65세에 일을 하지 않고도 살 수 있는 사람은 20명 중에 1명뿐이었습니다.

백 명의 남성은 모두 건강하게 시작했습니다. 그들은 모두 성공할 동등한 기회를 가졌습니다. 차이는 그들 자신의 마음 사용에 있었습니다. 백 명 중 95명은 주어진 일을 계속했습니다. 뭔가 대단하고 커다란 일을 내가 해 낼 수 있다는 믿음이 없었고 주도적으로 삶을 변화시키려고 시도하지 않았으며 용기도 없었습니다. 언제나 다른 사람에 의해 지시받거나 통제되는 것을 당연하게 여겼습니다.

65세에 당신은 어디에 있을까요? 남의 도움에 의지할 것입니까, 아니면 독립적일 것입니까? 생계를 위해 힘겹게 살거나, 다른 사람의 도움을 받으며 살 것입니까, 아니면 성공의 정점에 있을 것입니까?

나는 내 운명의 주인입니다.

이 사실을 깨닫기 전까지는 인생에서 완전한 성공을 거둘 수 없습니다. 운명은 자신의 손에 달려 있습니다. 만들어가는 것입니다. 지금부터 6개월 또는 1년 후에 어떤 사람이 돼 있을지는 오늘 무엇을 생각하느냐에 달려 있습니다. 그러니 지금 선택하십시오!

물질을 유일한 힘으로 여기며 굴복할 것입니까? 당신의 환경을 자신과는 무관하게 주어진 것처럼 여기며 책임을 회피할 것입니까? 아니면 일상생활에서 물질이 단지 양성자와 전자의 집합체로서 마음의 완전한 통제를 받는 것임을 깨닫고, 환경, 성공, 행복이 모두 자기 작품임을 인식할 것입니까? 현재의 조건에 만족하지 않는다면 그것들을 원하는 대로 시각화하여 변화시키는 것이 가능하다는 것을 깨달으실 것입니까? 지금 이대로는 가장 쉬운 길입니다. 하지만 그 쉬운 길은 가난, 두려움, 노년의 지옥으로 이끕니다. 선택은 마음의 소원으로 이끄는 길입니다.

단지 이 우주적 마음의 힘이 눈에 보이지 않는다고 의심해야 할 이유가 있을까요? 자연의 가장 큰 힘들은 모두 눈에 보이지 않습니다. 사랑은 눈에 보이지 않지만 삶에서 이보다 더 큰 힘이 어디 있습니까?

기쁨, 행복, 평화, 만족 모두 눈에 보이지 않습니다. 라디오는 눈에 보이지 않지만 소리를 들을 수 있습니다. 그것은 음파를 다루는 법칙의 산물입니다. 법칙은 눈에 보이지 않지만 우리는 매일 다양한 법칙의 현상을 목격합니다. 기관차를 운전하려면 동력 적용의 법칙을 공부하고 그 법칙으로 기관차를 움직이게 합니다. 이것들은 발명의 결과가 아닙니다. 이 법칙들은 처음부터 존재해 왔습니다. 단지 인간이 그것을 어떻게 적용할지 배울 때까지 그대로 있었을 뿐입니다.

만약 인간이 우주적 마음을 제대로 활용하는 방법을 알았다면 오래전에 음파의 법칙이나 증기의 법칙을 적용할 수 있었을 것입니다. 발명은 단지 우주적 지혜의 계시와 전개일 뿐입니다. 우주적 지혜는 인간이 전혀 이해하지 못한 수 많은 법칙을 알고 있습니다. 당신은 그것을 불러낼 수 있습니다. 그 지혜를 자신의 것으로 사용할 수 있습니다. 현재 상황이 아닌 가능성으로 사물을 생각함으로써 결국 어떤 큰 필요를 발견하게 될 것입니다.

필요를 발견하는 것이 그 필요를 충족시키기 위한 공급을 찾는 첫 번째 단계입니다. 당신의 마음속 지니가 우주적 마음에서 그것을 찾아내기 전에, 먼저 무엇을 원하는지 알아야 합니다.

의식이 아니라 내면의 힘으로

The Acre of Diamonds

가난한 보어 농부의 이야기를 아시나요? 그는 험난한 땅에서 생계를 유지하기 위해 수년간 고군분투했지만 결국 절망 속에 포기하고 다른 곳에서 새로운 기회를 찾으러 떠났습니다. 몇 년 후, 그가 자신의 옛 농장에 돌아왔을 때 그곳이 기계와 사람들로 가득 차 있는 것을 발견했습니다. 매일 엄청난 부가 그 땅에서 나오고 있었습니다. 그것은 바로 위대한 킴벌리 다이아몬드 광산이었습니다!

어느 면에서 많은 사람이 그 가난한 보어 농부와 같습니다. 표면적인 힘만으로 고군분투하며 조금만 더 깊이 파헤치면 얻을 수 있는 것을 얻지 못하는 것처럼 말입니다. 이제 거대한 내면의 힘을 깨우고 사용하기만 한다면, 내면의 자아를 깨우기만 한다면, 다이아몬드 광산보다 더 많은 것을 얻을 수 있습니다. 미국의 유명 작가 오리슨 스웨트 마든(Orison Swett Marden)이 말한 것처럼요.

"인생에서 실패하는 많은 사람은 단순히 정신적 패배의 희생자들입니다. 그들은 남들처럼 성공할 수 없다고 여깁니다. 결국 자신감이 주는 활력과 결단력을 잃게 됩니다. 그래서 성공하기 위해 제대로 시도조차 하지 않습니다."

자신이 할 수 없다고 생각하는 일을 할 수 있게 하는 방법은 없습니다 .오늘날 수백만 명의 사람이 무한한 일을 할 능력이 있음에도 간신히 생계를 유지하며 평범하게 사는 이유는 자신에 대한 자신감 부족 때문입니다. 그들은 자신이 평범함과 가난의 굴레에서 벗어나 더 큰 일을 할 수 없다고 믿습니다. 그들은 정신적으로 승자가 아니기 때문입니다. 결단력 있는 영혼, 신념과 용기를 가진 사람에게는 항상 길이 열립니다. 이 세상에서 큰일을 해내는 것은 승리하는 정신적 태도, 힘에 대한 의식, 주인 의식입니다. 만약 당신에게 이런 태도가 없다면, 자신감이 부족하다면, 지금부터 그것을 키우기 시작하십시오.

강한 자력을 가진 강철 조각은 자기 무게의 열 배나 들어 올릴 수 있습니다. 그러나 자력을 잃으면 깃털 한 개도 들어 올릴 힘이 없습니다. 한 사람은 자신에 대한 숭고한 신념으로 강한 자력을 가졌습니다. 다른 한 사람은 신념 부족, 의심, 두려움으로 자력을 잃습니다. 이 차이는 자력을 가진 강철 조각과 자력을 잃은 강철 조각의 차이와 같습니다.

동일한 능력을 갖춘 두 사람이 있습니다. 한 사람은 신성한 자기 확신으로 자력을 가진 상태고, 다른 사람은 두려움과 의심으로 자력을 잃었습니다. 두 사람에게 비슷한 과업이 주어진다면 한 사람은 성공하고 다른 사람은 실패할 것입니다. 자기 확신을 가진 사람은 그의 능력이 백배로 증가하고 자기 확신이 없는 사람은 그의 능력이 백배로 감소하기 때문입니다.

어떤 일을 시도할지, 어떤 길로 갈지 결정하는 데 시간을 얼마나 쓰고 있나요? 매일이 선택의 연속입니다. 사업 거래에서, 사회적 관계에서, 가정에서 끊임없이 갈림길에 서 있습니다. 언제나 선택의 필요성이 존재합니다. 그렇다면 자신과 그 안에 있는 무한한 지성에 대한 믿음이 얼마나 중요합니까?

끊임없이 변하는 물질적 시대, 주변에는 온통 복잡한 힘들이 있는 것처럼 보입니다. 그럴 때면 종종 상황에 따라 휘둘리고 있다고 느낍니다. 하지만 그 모든 것도 내 선택일 뿐입니다. 어떤 상황에 따르고 싶지 않아도, 저항의 힘을 적게 쓰기 때문에 그 길을 따르기로 하게 된 것입니다.

모든 사람에게는 여러 길이 열립니다.

하나의 길, 여러 길, 또 하나의 길이 있습니다.

높은 영혼은 높은 길을 오르고

낮은 영혼은 낮은 길을 더듬습니다.

그리고 그 사이에, 안개 낀 평지에서

나머지 사람들은 이리저리 떠다닙니다.

하지만 모든 사람에게는 여러 길이 열립니다.

높은 길과 낮은 길

그리고 각자는 자신의 영혼이 갈 길을 결정합니다.

– 존 옥스넘 –

당신은 어떻습니까? 생각을 능동적으로 통제하고 있습니까? 잠재의식에 실현되기를 원하는 것들만을 심고 있습니까? 건강한 생각, 행복한 생각, 성공적인 생각을 하고 있습니까? 성공한 사람과 실패한 사람의 차이는 훈련이나 환경적 편리성의 문제가 아닙니다. 기회나 운의 문제가 아닙니다. 사물을 바라보는 방식에 차이가 있을 뿐입니다.

성공한 사람은 기회를 보고 그것을 붙잡고 성공의 사다리에서 한 단계 더 올라갑니다. 그는 실패할 것을 염두 하지 않습니다. 그는 오직 기회만을 보고 그 기회로 무엇을 할 수 있을지 상상하며 내적, 외적 모든 힘을 모아 승리로 이끕니다.

실패한 사람도 같은 기회를 봅니다. 그 기회를 활용하고 싶어 하지만 자신의 능력이나 돈, 신용이 그 일을 감당할 수 있을지 두려워합니다. 마치 한쪽 발을 물에 담갔다가 다시 재빨리 빼는 것과 같습니다. 그가 주저하는 동안 어떤 대담한 사람이 뛰어들어 그를 제치고 목표에 도달합니다. 과거를 회상하며 '그때 그 기회를 잡았더라면 훨씬 나았을 텐데'라고 말합니다. 그러나 미래가 전적으로 자신의 통제 내에 있다는 것을 깨닫는다면 다시는 그런 말을 할 필요가 없습니다. 미래는 운명의 변덕이나 행운의 변동에 좌우되지 않습니다. 하나의 우주적 마음만이 존재하며 그 마음은 오직 선한 것만을 담고 있습니다. 그 안에는 악의 이미지가 없습니다. 그것에서 나오는 것은 부족함이 없습니다. 그 안의 창조적 발상은 해변의 모래알처럼 무수히 많습니다. 그리고 그 아이디어는 모든 부, 모든 힘, 모든 행복을 포함하고 있습니다.

당신이 원하는 것을 잠재의식에 생생하게 그리기만 하면 우주적 마음에서 필요한 아이디어를 끌어와 그것을 현실로 만들 수 있습니다. 당신이 만나고 싶은 경험을 마음에 간직하기만 하면 자신의 미래를 통제할 수 있습니다.

프랭크 A. 반더립(Frank A. Vanderlip) 전 내셔널 씨티은행(National City Bank) 총재는 자신이 젊었을 때 가장 필요한 도구를 질문을 통해 얻어낸 사람이라고 할 수 있습니다. 그는 젊은 시절, 사회적으로 큰 성공을 거둔 사람에게 이렇게 질문했습니다. "성공하고 싶은 이 세상 모든 젊은이에게 단 한 가지를 조언한다면 어떤 것을 권해주시겠습니까?" 그러자 그는 '이미 성공한 것처럼 느끼고 행동하라'고 대답했다고 합니다.

그렇습니다. 이미 성공한 사람처럼 보이십시오. 성공한 사람처럼 옷을 입으십시오. 성공한 사람처럼 행동하십시오. 먼저 자신의 생각 속에서 성공하십시오. 머지않아 세상에서도 성공할 것입니다.

데이비드 V. 부시(David V. Bush)는 그의 책 『응용 심리학과 과학적 생활 Applied Psychology and Scientific Living』에서 이렇게 언급합니다. '인간은 무선 통신사와 같습니다. 만약 인간의 마음이 무한한 존재와 조화되지 않거나 부정적인 진동보다 높은 진동에 맞춰져 있지 않다면, 잘못된 생각의 흐름에 영향을 받게 됩니다. 용기 있는 생각을 하는 사람은 이 용기 있는 생각의 파장을 내보내고 같은 용기의 주파수에 맞춰진 누군가의 의식에 닿습니다. 강한 생각, 용기 있는 생각, 번영의 생각을 하면 이 생각은 강하고 용기 있으며 번영하는

245
5장

사람에게 전달됩니다.'

풍요로운 생각은 가난한 생각을 하는 것만큼 쉽습니다. 가난한 생각은 가난한 생각의 송신기와 수신기가 됩니다. '가난'이라는 정신적 무선을 보내면 가난에 찌든 누군가의 의식에 닿습니다. 우리는 우리가 생각하는 것을 얻습니다.

풍요, 부유, 번영의 관점에서 생각하는 것은 결핍, 제한, 가난의 관점에서 생각하는 것과 똑같이 쉽습니다. 다만 생각으로 그것을 공상으로 여기며 스스로 생각을 거부할 뿐입니다. 공상과 신념의 차이를 구분해서 보지 못하기 때문입니다. 사람이 신념의 흐름이나 희망의 흐름으로 자신의 진동수를 높이면 이 진동은 우주적 마음을 통해 전달되어 같은 주파수에 맞춰진 사람들의 의식에 닿습니다. 당신이 무엇을 생각하든, 언젠가, 어디선가, 이 생각 주파수와 동일한 주파수를 맞추고 있는 사람과 연결되는 것입니다. 그리고 더 강한 파동으로 원하는 것을 이뤄가는 주체로 연결돼 갑니다.

일자리가 없는 사람이 성공, 번영, 조화, 지위, 성장을 생각하면 셰익스피어(Shakespeare)가 말한 것처럼 그의 생각이 실체가 되어 누군가가 그 성공, 번영, 조화, 지위, 성장의 파장을 받게 될 것입니다. 그렇게 계속, 더 강력하게 성취될 힘이 생기게 됩니다.

만약 우리가 소심하고 이기적이며 인색하고 사소한 생각을 한다면 같은 성향의 정신에 도달할 때까지 그 에너지는 계속 나아갑니다. 유유상종이라는 말처럼 같은 생각을 하는 사람들은 서로 끌리게 되기 때문입니다. 만약 돈이 필요하면 생각 진동을 강하고 용감한 사람에게 보내기만 하면 됩니다. 그러면 당신의 필요를 충족시킬 수 있는 사람이 당신에게 끌리거나, 당신이 그 사람에게 끌리게 될 것입니다. 어떤 올바른 일을 하고 있을 때 이길 자격이 있다는 것을 깨닫는다면 당신은 이길 것입니다. 자기 일에 관한 정당한 지배권을 가질 권리가 있다는 것을 깨닫는다면 그 일에 관한 지배권을 가질 것입니다.

우주적 마음은 누구를 특별히 편애하지 않습니다. 누구도 다른 사람보다 더 많은 힘을 가진 것은 아닙니다. 단지 우리 중 소수만이 손안에 있는 힘을 사용하는 것뿐입니다. 세상의 위대한 사람들은 결코 초인적인 존재가 아닙니다. 그들은 당신과 나처럼 평범한 사람들이지만 잠재의식을 통해 우주적 마음의 힘을 끌어내는 방법을 발견한 사람들입니다.

되려는 것을 이루는 비결은 간단합니다. 지금 무엇을 원하는지, 정확히 어떤 미래를 바라는지 결정하세요. 그것을 자세히 계획하고 처음부터 끝까지 상상해 보세요. 현재의 당신이 항상 하고 싶었던 일을 하는 모습을 상상하세요. 그것을 마음의 눈으로 실제처럼 느끼고 그렇게 살아보고 믿으세요.

특히 잠자리에 들기 전, 잠재의식에 가장 쉽게 도달할 수 있는 그 순간에 말입니다. 그러면 곧 현실에서도 그 모습을 보게 될 것입니다. 나이가 젊든 늙든, 부유하든 가난하든 상관없습니다. 시작할 시간은 바로 지금입니다. 절대 늦지 않았습니다.

그가 지나가는 순간 그의 얼굴을 알아보았다
무심하고 잔인한 무리 속에서 승리한 그는
내가 그의 팔을 살짝 만지자 나에게 미소 지었다.
그는 내가 한때 되고자 했던 사람이었다!

내가 실패한 곳에서 그는 인생에서 성공을 거두었고
내가 비틀거린 곳에서 그는 확고히 서 있었다.
같으면서도 다른 우리는 세상을 마주했으며
그는 삶의 어려움 속에서도 삶이 좋다는 것을 발견했다

그리고 나는 쓴 쑥을 잔에 담고
실패의 길을 따라가는 그림자를 보았다!
그는 내가 한때 되고 싶지 않은 사람이었다!

"우리는 말하지 않았다. 그러나 그의 지혜로운 눈에서

나는 그를 이끈 영혼을 보았다.

그를 싸움에서 지켜준 용기는

한때 내 것이었다.

나는 생각했다, '사라진 것일까?'

그는 내가 묻지 않은 그 질문을 느꼈다.

그의 창백한 입술이 대답했다.

'아니!'

. . . .

"너무 늦어서 이길 수 없다고? 아니다!

나는 너무 늦지 않았다.

그는 여전히 내가 되고자 하는 사람이다!"

— 애플턴 —

상상하고 맡기고,
그저 지금 해야 할 일을 하는 것

Unappropriated Millions

누군가는 불가능하다고 말했지만

그는 웃으며 대답했다.

"불가능할지도 모르지"

하지만 시도해 보기 전까지는

그렇게 말하지 않을 거라고 했다.

그래서 그는 얼굴에 미소를 띠고 바로 뛰어들었다.

걱정이 있더라도 숨겼다.

그는 불가능하다고 여겨진 일을

시작하며 노래를 불렀고

그 일을 해냈다.

– 에드거 A. 게스트 –

우리 증조부 시대와 지금의 차이점은 당시는 비교적 정적이었던 반면, 현대는 역동적이라는 점입니다. 문명은 비교적 변화가 적은 상태로 수 세기 동안 이어져 왔습니다. 대부분의 사람은 태어난 곳에서 살다가 죽었습니다. 그들은 아버지의 직업을 따라갔습니다. 자신이 태어난 계급에서 벗어나는 일은 거의 없었습니다. 심지어 시도할 생각조차 하지 않았습니다. 그러니 문명이 지금처럼 비약적으로 진보하지 않았던 것도 놀랄 일이 아닙니다.

오늘날은 끊임없는 변화 속에 있습니다. 사람들은 현 상태에 절대 만족하지 않고 개선을 추구하고 있습니다. 이 모든 변화의 배후에는 생각이란 힘이 있습니다. 생각은 나와 우주적 마음을 연결하는 고리입니다. 이를 통해 영감과 에너지, 힘을 끌어낼 수 있습니다. 마음은 정적인 형태의 에너지입니다. 생각은 동적인 형태의 에너지입니다. 인생은 정적이지 않고 동적입니다. 언제나 앞으로 나아갑니다. 따라서 성공과 실패는 전적으로 생각의 방식에 달려 있습니다.

251
5장

생각은 창조적 에너지입니다. 생각하는 것이 현실로 나타납니다. 실현되기를 바라는 것들을 생각하고 그것들을 보고 믿으세요. 그러면 잠재의식이 그것들을 실현할 것입니다.

마음은 원하는 삶을 만들기 위해 필요한 모든 것을 끌어낼 수 있는 놀라운 배터리입니다. 마음 안에는 모든 힘, 모든 자원, 모든 에너지가 들어 있습니다. 하지만 그것을 사용해야 하는 사람은 바로 당신입니다.

그 모든 힘은 당신이 동적으로 만들지 않으면 정적일 뿐입니다. 창조적인 생각을 하는 순간 의식적인 마음은 창조자가 됩니다. 그것은 우주적 마음의 힘을 부분적으로 사용합니다. 그리고 내면에 있는 저항할 수 없는 생명 에너지가 그를 새로운 성장과 새로운 포부로 이끕니다. 마치 나무의 가지를 통해 흐르는 수액이 낡은 잎을 밀어내고 새로운 생명을 위한 길을 만드는 것처럼, 당신도 가난, 결핍, 질병에 대한 낡은 생각을 잘라내는 것입니다. 그래야 건강, 행복, 무한한 공급의 새로운 삶을 시작하는 것입니다. 우리 모두의 내면에는 이 생명력이 처음부터 존재해 있었고 끊임없이 발견되기를 원하며 기다리고 있습니다. 생각이 내면으로 들어가 잠재의식에 쌓이고 우주적 마음과 하나로 연결돼 당신의 모든 꿈이 이뤄지기를 원하고 있습니다.

신밧드의 이야기와 바다의 노인을 기억하십니까? 처음에 신밧드가 그를 어깨에 올렸을 때 노인의 무게는 아무렇지 않았습니다. 하지만 그는 계속 붙어있었고 천천히 그러나 확실하게 신밧드의 힘을 빼앗아 갔습니다. 만약 정신적, 육체적 자원을 모두 동원해 그를 떨쳐내지 않았다면 다른 많은 사람들을 죽였듯이 결국 노인은 신밧드를 죽였을 것입니다.

이 노인을 짊어졌던 신밧드처럼 우리도 삶에서 무언가를 짊어지고 있습니다. 그것들이 꽉 붙들고 쉽게 떨어지지 않기 때문에 떼어낼 엄두를 내지 못한 채 자신의 에너지가 고갈돼 가는 상태로 에너지를 잃어가고 있습니다. 그러나 그것을 떨쳐내는 데 필요한 것은 정신적, 신체적 모든 자원이 동원된 단 한 번의 강력한 노력입니다. 당신 안에는 어려움을 겪을수록 더 강해지는 무언가가 있습니다.

큰 노력을 기울여 얻은 것일수록 더 소중합니다. 새로운 길을 개척하고 특별한 어려움에 맞서야 숨겨진 정신적 자원을 발견할 수 있습니다. 마치 운동선수가 두 번째 숨을 찾기 위해 최선을 다하듯이 말입니다.

거북이는 뒤집힌 순간 사방으로 몸부림치며 바로 세워줄 외부의 무언가를 찾습니다. 안간힘을 다 쓰고 주변 물체에 기대 바로 세우려는 노력을 끝없이 계속합니다. 그러나 지칩니다. 이때 버둥거리던 행동을 멈추고 껍질 안으로 들어가 버립니다. 그리고 잠시 숨을 고르고 힘을 회복한 다음 다리, 머리, 꼬리에 모든 힘을 모아 한쪽으로 기울여 뒤집습니다!

우리도 마찬가지입니다. 어떤 비상 상황에도 대처할 수 있는 힘이 우리 안에 있다는 것을 깨달을 때 외부에서 도움을 찾는 것을 멈추고 필요한 순간에 자신 안에 이미 충분한 무한한 자원으로부터 지혜를 끌어다 활용할 수 있다는 걸 알게 될 것입니다. 원하는 것을 얻기 위해 한 가지 목표에 집중하면 인생에서 원하는 것을 얻을 수 있을 것입니다.

자신이 가진 무한한 내면의 힘을 깨닫게 되는 자는

. . .

세상의 주인,

일곱 별과 태양의 주인

카이사르의 손과 플라톤의 두뇌

그리스도의 마음과

세익스피어의 재능을 가진 자가 됩니다.

– 에머슨 –

내면이 곧 잠재의식이며,
잠재의식이 곧 창조의 힘이다

The Secret of Power

위대한 사람들도 한때는 당신과 같았답니다.

오늘날 사람들이 찬양하는 그들도

한때는 인생의 길에서 헤매고 실수를 저질렀고

자신을 두려워하며

위대함은 마치 마법에 따라 이뤄지는 것으로 생각했답니다.

그들은 자신이 무엇을 할 수 있을지 두려워했지만

결국 그들도 당신과 같은 재능으로 성공을 이룰 수 있었습니다.

– 에드거 A. 게스트 –

큰 도시에 살던 어느 여성은 큰 부자가 되었습니다. 그녀의 남편이 세상을 떠나면서 약 1억 달러의 유산을 상속받았기 때문입니다. 하지만 그녀는 이 엄청난 부와 권력을 갖고도 그것을 전혀 활용하지 않았습니다. 주어진 것만 활용하며 부를 누리지도 않았습니다. 그녀는 자신의 부와 권력을 전혀 인지하지 못했습니다. 그 이유는 그녀의 정신이 온전치 않았기 때문입니다. 그녀는 정신질환을 앓고 있었습니다.

이 불쌍한 여자처럼 당신 역시 자기 안의 큰 힘을 갖고 있지만 지금까지 사용하지 않는 상태에 놓여 있었습니다. 이 여자는 사실 정신 이상 상태였기 때문에 자신의 힘을 사용하지 못했기 때문이지만 당신은 그런 변명을 할 수도 없습니다. 당신은 갖고 있습니다. 그리고 그것을 알게 됐습니다. 무한한 창조성, 에너지, 그로부터 부를 가져다 쓸 힘이 있습니다. 열쇠는 내면에 있고 내면과 연결된 잠재의식이 우주적 마음과 연결되면 그 힘은 작동되기 시작합니다. 이제 어떻게 하겠습니까? 힘의 비밀은 내면과 잠재의식, 우주적 마음의 무한한 자원을 이해하는 데 있습니다. 무엇이든 할 수 있는 힘, 무엇이든 될 힘, 무엇이든 가질 힘이 자신 안에 있다는 것을 깨닫기 시작할 때 비로소 세상에서 당신이 가져야 할 적절한 자리를 차지하게 될 것입니다.

저명한 작가이자 정치인 브루스 바턴(Bruce Barton)은 에이브러햄

링컨(Abraham Lincoln)에 대해 이렇게 말했습니다. "그는 자신의 내면에서 힘을 느꼈지만 기회가 언제 어디서 올 것인지 알 수 없었습니다. 그러나 꿈과 목표를 가진 모든 사람에게는 분명한 목소리가 들립니다. 상황을 뛰어넘는 무언가가 자기 내면에 있다고 믿는 사람들은 큰 성취를 모두 이렇게 이뤘습니다."

많은 무지한 사람이 자기 안에 그런 힘이 있다는 생각을 비웃습니다. 그래서 질병과 결핍을 항상 곁에 두고 고된 삶을 이어가며 죽음을 구원으로 받아들입니다. 당신도 그들 중 하나가 되겠습니까? 아니면 당신 안에 있는 힘을 깨닫고 찾겠습니까? 당신이 무엇을 의식하느냐에 따라 그것이 곧 현실로 나타날 것입니다.

과거에 한 일로 자신의 능력을 판단하지 마세요. 지금까지 당신이 해낸 일은 오로지 의식의 도움으로 이뤄졌습니다. 여기에 잠재의식이 가진 무한한 지식을 더하면 과거는 아무것도 아닙니다. 실수든, 영예든, 앞으로 할 일에 비하면 아무것도 아닙니다.

그러나 지식은 스스로 움직이는 것이 아닙니다. 그것은 단지 정적인 에너지일 뿐입니다. 생각하는 힘으로 그것을 동적인 에너지로 변환해야 합니다. 주당 25달러를 버는 사원과 연봉 25,000달러를 받는 임원의 차이는 오직 생각의 차이입니다. 사원이 임원보다 더 뛰어난 두뇌를 갖고 있을 수도 있고 실제로 두뇌 용량이 더 클 수도 있습니다. 훨씬 더 좋은 교육을 받았을 수도 있습니다. 그러나 자신의 생각을 최대한으로 활용하는 방법을 모르면 아무 쓸모가 없습니다.

재능이 있다면 활용하세요. 기술이 있다면 사용하세요. 그것을 통해 이익을 얻어야 합니다. 영감을 받은 순간에는 어떻게 그 일을 할 수 있는지 명확하게 보입니다. 그럼에도 그것이 실제로 이뤄질 거라고 충분히 믿지 않습니다. 공상에 그치는 상상력은 의지를 약하게 만듭니다. 공상을 현실로 만드세요. 명확하고 선명하게 만들어서 잠재의식에 깊이 새겨지도록 하세요. 공상 자체는 잘못된 것이 아닙니다. 대부분의 사람은 그저 그 지점에서 멈출 뿐입니다. 꿈을 실현시키려 하지 않을 뿐입니다.

위대한 발명가 테슬라(Nikola Tesla)는 새로운 기계를 만들기 전에 모든 세부 사항이 완벽하게 갖춰진 상태로 '꿈꿨습니다'. 모차르트(Wolfgang Amadeus Mozart)도 각 교향곡을 종이에 음표로 적기 전에 완성된 형태로 '꿈꿨습니다'. 하지만 그들은 단지 꿈꾸는 것에 멈추지 않았습니다. 그 꿈들을 시각화하고 현실로 만들어냈습니다. 비전을 실현하기 위한 행동을 취하지 않으면 비전을 가질 수 있는 능력을 잃게 됩니다.

그러므로 위대한 업적의 비전을 실현하는 데 모든 생각을 집중

하세요. 생각은 힘의 발전기를 움직이는 전류입니다. 이 전류를 연결

해 잠재의식을 통해 무한한 자원을 끌어다 쓰는 것은 슈퍼맨이 되는

것입니다. 이렇게 하면 삶의 모든 문제를 해결할 수 있는 열쇠를 찾

게 될 것입니다.

한 번에 한 가지-
지금 이 순간에 하는 하나의 행동

This One Thing I Do

매일 아침 어떻게 일을 시작하나요?

자신감 있고 편안한 마음으로 주어진 일을 다루나요?

아니면 두려운 마음으로 일을 시작하나요?

그 일을 해낼 수 있을 거라고 느끼면서 하나요?

당신은 자신이 생각하는 만큼 할 수 있습니다.

하지만 그 이상을 성취할 수는 없습니다.

만약 당신이 자신을 두려워한다면

앞으로 별다른 성과를 기대할 수 없습니다.

실패는 먼저 내부에서 시작됩니다.

우리가 그것을 알기만 한다면

최악의 상황을 맞닥뜨려도 이길 수 있습니다.

당신이 그것을 해낼 수 있다고 느낀다면 말이죠.

– 에드가 A. 게스트 –

모든 사업 성공의 기본은 한 가지에 집중하고 그것을 잘 해내는 것입니다. 여러 가지 일을 조금씩 하는 것보다 한 가지 일을 탁월하게 해내는 것이 훨씬 더 낫습니다. 약 2,000년 전, 로마 공화정의 정치가 포르키우스 마르쿠스 카토(Porcius Marcus Cato)는 부유하고 번창하는 카르타고(Carthage)를 방문했을 때 이 도시야말로 로마가 정복하고 가져야 할 도시라고 확신하게 되었습니다. 하지만 동료들은 모두 그를 비웃었습니다. 그 도시가 정복될 수 있다고 믿는 유일한 사람이 자기 자신뿐이었지만 그는 포기하지 않았습니다.

그는 모든 생각과 모든 능력을 그 목표 하나에 집중했습니다. 연설이 끝날 때마다, 대화가 끝날 때마다, 한 문장으로 요약해서 청중이 자기 생각에 집중되도록 만들었습니다. "카르타고는 정복되어야 한다!" 그는 매번 그 문장을 계속 누구에게나 전파했습니다. 그리고 마침내 카르타고는 정복되었습니다.

한 사람이 집중한 하나의 생각이 하나의 국가도 정복할 수 있었던 것처럼 이 원칙을 비즈니스에 적용하면 얼마나 큰 성과를 이룰 수 있을까요? 사실, 어떤 일을 잘 해내려면 한 번에 한 가지 일에 집중해야 합니다. 생각을 나누면서 여러 일을 동시에 잘 해내는 것은 불가능합니다. 한 번에 하나의 작업을 맡고 다른 모든 것을 배제하고 그 일에만 집중하세요. 그런 다음, 그 일을 완전히 끝내세요. 일을 반만 하고 책상 위에 어지럽게 두어 다음 일을 방해하지 마세요. 완전히 처리하고 넘겨주세요. 그 일을 끝내고 잊어버리세요. 그러면 다음 문제를 처리할 수 있도록 마음이 맑아질 것입니다.

"어떤 일을 먼저 할지 계속 망설이는 사람은 결국 어느 것도 하지 못할 것입니다"라고 법조인이자 작가인 윌리엄 워트(William Wirt)는 말했습니다. 결심을 했지만, 친구의 첫 번째 반대 의견에 결심이 바뀌는 사람도 있습니다. 계획과 방향이 자주 바뀌고, 바꾸는 사람도 있습니다. 이들은 실질적이고 유용한 성과를 이루기 어렵습니다. 현명하게 조언을 구하고 단호하게 결심한 후, 작은 어려움에 굴하지 않고 결심을 끈질기게 실행하는 사람만이 어떤 분야에서든 두각을 나타낼 수 있습니다.

세상의 모든 것은, 심지어 큰 사업조차 원자 단위로 분해할 수 있습니다. 가장 큰 사업의 기본 원칙도 결국 구멍가게 운영의 성공 원칙과 동일합니다. 모든 상업 활동은 이런 원칙에 기반 합니다. 누구나 배울 수 있지만 오직 기민하고 활기찬 사람만이 적용합니다. 많은 사람은 월급을 받으면 할 일을 다 했다고 생각하고 맙니다. 그것은 단지 시작일 뿐입니다. 그 순간까지 당신은 다른 사람을 위해 일하는 것입니다. 이제부터 자신을 위해 일하기 시작하세요. 기억하세요. 얻기 위해서는 주어야 합니다. 그리고 일을 위해 추가로 시간과 주의, 생각을 기울일 때 비로소 주변의 군중들 속에서 두드러지기 시작합니다.

저명한 사업가 노르발 호킨스(Norval Hawkins)는 "현재 포드 비즈니스에서 가장 큰 사냥은 인재 사냥입니다."라고 말했습니다. 모든 산업 분야의 소유주들도 같은 말을 합니다. 실제로 그들은 큰 프로젝트 적임자를 찾을 때 친척이나 친구 중에서 선택하지 않습니다. 그들은 진정한 인재를 원하고 그에 맞는 인재에게는 어떤 대가도 지급할 것입니다. 뿐만 아니라 그들은 유망한 인재를 주의 깊게 살펴봅니다. 그들이 가장 중요하게 여기는 것은 바로 주도적인 품성입니다.

하지만 한꺼번에 모두 개선하려고 하지 마세요. 한 번에 한 가지에 집중하세요. 하나의 부서나 하나의 과정 또는 한 가지 일을 선택하고 모든 생각을 그것에 집중하세요. 당신의 잠재의식이 가진 무한한 자원을 그것에 쏟아부으세요. 그런 다음 그 부서의 발전이나 그 과정의 개선을 위한 명확한 계획을 준비하세요. 그 계획이 실행 가능하다는 것을 확인하기 위해 사실을 철저히 검증하세요. 그런 다음 계획을 제시하세요.

비즈니스 분야 작가 월도 폰드레이 워런(Waldo Pondray Warren)의 저서 『사업에 대한 생각 Thoughts on Business』에서 읽은 내용입니다. '사실 직위는 그 사람이 어떻게 만드느냐에 달려 있습니다. 한 남자는 약 $1,500를 연봉으로 받으면서 자신이 할 수 있는 모든 일을 하고 있다고 생각했습니다. 그러나 고용주의 생각은 달랐습니다. 남자의 자리는 곧 다른 사람에게 넘어갔고 그는 연봉을 $8,000로 만들었습니다. 같은 근무조건에서 말입니다.

차이는 사람에게 있었습니다. 두 사람이 그 일을 어떻게 생각했느냐에 있었습니다. 한 사람은 작은 개념을 갖고 있었고 다른 사람은 큰 개념을 갖고 있었습니다. 한 사람은 작은 생각을 했고 다른 사람은 큰 생각을 했습니다. 두 사람의 기준이 다른 이유는 어느 한쪽이 더 유능해서가 아니라 큰 일에 관한 생각의 차이였습니다. 작은 범위에서 일하고 있어도 더 넓은 범위로 확장될 수 있다는 것을 봤을 때 그 생각에 맞게 성장하면서 더 큰 사람이 될 수 있던 것입니다.

사실 산을 생각하는 것도 언덕을 생각하는 것만큼이나 쉽습니다. 마음을 그 쪽으로 돌리면 말이죠. 마음은 고무 밴드 같아서 거의 모든 것에 맞게 늘릴 수 있지만 손을 놓으면 곧장 작은 범위로 순식간에 줄어듭니다. 자신의 업무에서 최상의 것이 무엇인지 알고 마음을 확장해서 상상하고 그것을 달성할 방법을 고안하는 것이 중요합니다.

큰 일은 작은 일들이 모여서 이뤄진 것입니다. 거대한 구조물, 아무리 큰 건물도 계획에 따라 철, 돌, 나무 조각들이 모여 만들어졌습니다. 이 계획은 먼저 상상되고 연필로 그려지며 꼼꼼히 도면으로 작성된 후 작업자들이 '그것을 따라서' 만들었습니다. 모두가 작은 일들이 모여서 이뤄진 것이었습니다. 큰 일을 마주했을 때 이 생각은 격려가 됩니다. 그게 무엇이든 작은 일들이 모이는 것이며 작은 일들은 쉽게 해낼 수 있습니다. 시도조차 하지 않아서 이 사실을 모르는 것입니다.

중요한 작업을 성취하는 데 가장 중요한 요건 중 하나는 인내심입니다. 여기서 말하는 인내심은 두 손을 모으고 앉아서 어떤 일이나 사건이 일어나기를 기다리는 마음이 아닙니다. 오히려 계획을 지나치게 빠르게 실행하려고 조바심 내는 일에서의 인내입니다. 이런 인내심을 가진 사람은 언제나 할 일이 많습니다. 계획을 세우고 적절한 순간을 기다리십시오. 정말로 큰 사람의 특징 중 하나는 누구로 부터든, 무엇으로 부터든, 배우려는 열망입니다.

책에는 값진 지혜가 담겨 있습니다. 역사학자 토마스 칼라일(Thomas Carlyle)은 "인류가 한 일, 생각한 것, 얻은 것, 존재했던 모든 것이 책에 잘 보존되어 있다."고 언급한 바 있습니다. 인류가 수많은 세월 동안 땀과 노력, 굶주림과 피를 대가로 배워온 진리들을 읽기만 하면 당신의 것이 됩니다. 비즈니스에서도 지식은 그 어느 때보다 값지고 쉽게 얻을 수 있습니다. 책과 잡지에는 구매와 판매, 제조와 배송, 재무와 경영의 방법과 이유, 옳고 그름이 가득 담겨 있습니다. 이러한 지식은 누구나 손에 넣을 수 있습니다.

진지한 독서만큼 좋은 투자는 없습니다. 자신의 업무를 유지하는 데 필요한 것보다 더 많은 지식을 얻기 위해 투자하는 사람이 되어야 합니다. 이 사람은 더 나은 직업을 얻기 위한 자본을 쌓고 있는 것입니다.

현재의 비즈니스에서 요구되는 것은 이전 세대보다 훨씬 더 큽니다. 이것을 충족하려면 재능을 최대한 활용해야 합니다. 직면한 모든 상황에서 최선의, 가장 쉬운, 그리고 가장 빠른 해결 방법을 찾아야 합니다. 따라서 일의 계획이 필수적입니다. 각각을 잘 계획하고 처리하면서 다음으로 넘어갈 때 얼마나 더 많은 일이 수월하게 처리되는지 알면 놀랄 것입니다. 부분을 차례대로 처리한 후 다음 작업으로 넘어가는 것이 얼마나 더 많은 일을 처리할 수 있게 해주는지 놀라울 것입니다.

또 한 가지 중요한 점은 일단 일을 시작하면 중간에 멈추지 말고 계속해야 한다는 것입니다. 멈춰있는 자동차를 출발시키는 데 얼마나 많은 힘이 필요한지 알 것입니다. 하지만 일단 자동차가 움직이기 시작하면 고속 기어로 적은 연료만으로도 달릴 수 있습니다. 마음도 마찬가지입니다. 정신적으로 게으르기 쉽지만 일단 시작하면 멈추지 않는 것이 쉬워지고 높은 성과를 유지하게 해 줄 것입니다. 멈췄다 다시 시작할 때 많은 힘이 들지만 꾸준히 계속하는 건 그보다 훨씬 적은 노력으로 피로를 줄이며 해낼 힘을 줄 것입니다.

개인적 효율성, 일반적인 효율성, 그리고 비즈니스의 다른 모든 종류의 효율성에 관한 책이 많이 있습니다. 모든 것이 아래의 내용으로 요약됩니다.

① 원하는 것을 알아라.

② 그것을 얻기 위해 해야 할 일을 분석하라.

③ 작업을 미리 계획하라.

④ 한 번에 하나의 일만 하라.

⑤ 그 한 가지 일을 끝내고 나서 다음 일을 시작하라.

⑥ 일단 시작했으면, 계속해 나가라!

작가이자 심리학자인 프레드릭 피어스(Frederick Pierce)는 『우리의 무의식적인 마음 Our Unconscious Mind』에서 잠재의식으로 비즈니스 문제를 해결하는 훌륭한 방법을 이렇게 제시했습니다.

"수년 전, 저는 성공한 어느 경영자의 업무 효율성에 관한 강의를 들은 적 있습니다. 그중 한 가지는 매일의 업무를 마치고 다음 날 해야 할 가장 중요한 10가지 목록을 작성하라는 조언이 포함돼 있었습니다. 여기에 저는 다음을 추가하고 싶습니다. 잠들기 직전에 그 목록을 마음속으로 떠올리십시오. 깊이 생각하거나 세부 사항을 자세히 설명하지 말고 의식은 잠들어도 내면이 그 일의 건설적인 방법을 떠올려 준다는 믿음만 가진 채 잠드세요."

해결하기 어려워 보이는 문제가 있다면 가볍게 검토해서 무의식이 밤사이 해결할 숙제로 만들어 보세요. 즉각적인 결과가 나타나지 않아도 실망하지 마세요. 소설, 시, 음악 작곡, 발명품, 수많은 아이디어가 무의식에서 비롯되며 종종 최고 수준의 창의적인 세부 사항을 보여주며 탄생해 왔습니다.

무의식에 기회를 주세요. 필요한 자료를 제공하고 간절한 바람을 통해 자극하세요. 이 방법을 지속적으로 행한다면 예상치 못한 순간에 매우 가치 있는 아이디어를 제공받는 습관이 될 것입니다.

천재적이라고 칭찬받던 어떤 기업가는 어려운 문제에 직면할 때마다 '깊이 자는 방법'을 사용했다는 기사를 본 적이 있습니다. 그는 어릴 적 이 방법을 배웠는데 어느 날 저녁, 숙제를 완벽하게 끝내지 못한 채 졸 때까지 계속 단어를 되뇌었습니다. 몇 분 후 아버지가 깨웠을 때, 그는 모든 내용을 완벽하게 알고 있었습니다! 그는 다음 날 밤에도 같은 방법을 시도했고 거의 항상 효과가 있었습니다. 성인이 된 후인 지금도 해결할 수 없는 문제가 생기면 사무실의 소파에 누워 완전히 긴장을 풀고 잠을 청합니다. 그러면 그의 잠재의식이 문제를 해결해 주기 때문입니다.

6장

마음의 내면:

인간의 잠재력을 깨우는 법칙들

결코 뒤돌아보지 않고 앞으로 나아갔으며

구름이 걷힐 것을 항상 믿었고

옳은 일이 패배하더라도

그릇된 일이 이길 것으로 생각하지 않았으며

우리는 넘어져도 다시 일어나고

좌절해도 더 잘 싸우며

잠들었다가 깨어난다고 믿었다.

– 브라우닝 –

지금까지 당신의 마음이 만든,
당신의 세상을 보라

The Master Mind

친구 중에 '할 수 없다'는 말을 거의 사용하지 않는 사람이 있습니다. 저는 그의 엄청난 일 처리 능력에 매번 감탄하곤 합니다. 그를 알아갈수록 더 깊이 존경하게 됩니다. 왜냐하면 그는 성공을 이뤄냈을 뿐만 아니라 앞으로도 계속 성공할 것이기 때문입니다. 그가 자신에 대한 절대적인 자신감을 발견하고 그것을 자기 것으로 만들고 있기 때문입니다.

세상은 리더를 사랑합니다. 전 세계 어디에서나, 모든 삶에서 자기가 따를 누군가를 간절히 찾고 있습니다. 사람들은 다른 사람이 대신 생각해 주기를 원하고 행동할 용기를 주기를 원합니다. 일이 잘못되면 책임져 주고 성공했을 때 그 영광을 함께 나눠 줄 큰 사람을 원합니다.

따라서 지도자가 되려는 사람은 자기 스스로에 대한 절대적인 자신감을 가져야 합니다. 그래야 자신을 따르는 사람에게 자신감을 심어줄 수 있기 때문입니다. 자신을 믿지 않는 루즈벨트(Franklin D. Roosevelt)나 무솔리니(Benito Mussolini)는 상상할 수 없습니다. 사람을 무적이 되도록 만드는 것은 자신의 힘에 대한 의식입니다. 그들은 자기 능력에 한계를 두지 않기 때문에 한계가 없습니다. 우주적 마음은 모든 것을 보고 알고 할 수 있으며 우리는 그것을 허용하는 한도 내에서 이 절대적인 힘을 공유합니다. 우리의 정신적 태도는 열망을 실현하기 위해 필요한 모든 것을 우주적 마음으로부터 끌어들이는 자석입니다. 이 자석은 능력에 대한 자신감이나 의심에 따라 강하거나 약해집니다. 우리는 자신에 대한 믿음에 따라 무한한 힘을 끌어들이거나 낮은 위치에 자신을 제한하게 됩니다.

오래전 미국의 철학자 에머슨(Ralph Waldo Emerson)은 이렇게 썼습니다. "모든 개인에게 공통된 하나의 마음이 있다. 모든 사람은 같은 마음에 연결돼 있으며 그 마음은 모든 것에 연결돼 있다. 이 능력 덕분에 사람은 내가 아닌 다른 누군가 겪은 일을 이해할 수 있게 된다. 이 우주적 마음에 접근할 수 있는 사람은 존재하는 모든 것 또는 존재할 수 있는 모든 것에 관여할 수 있기 때문이다."

마찬가지로 당신이 잠재의식에 더 많이 의지하고 사용할수록 우주적 마음의 무한한 자원의 전도성은 더욱 커집니다. 솔로몬의 지혜, 미켈란젤로의 기술, 에디슨의 천재성, 나폴레옹의 대담함 모두 당신의 것이 될 수 있습니다. 우주적 마음과 접촉하여 원하는 것을 끌어내는 것은 오직 당신에게 달려 있습니다.

이 힘을 언제든지 연결할 수 있는 무언가로 생각해 보세요. 당신 주변의 풀과 나무가, 새들이 거기 있다면 이 자연의 무한한 힘과 동일한 물질로 만들어진 힘이 당신에게 이미 들어 있습니다. 이 힘은 모든 문제에 대한 답을 갖고 있습니다. 이 힘은 두려움, 걱정, 질병, 사고로부터 자유를 제공합니다. 아무도, 어떤 것도 당신이 이 힘을 사용하는 것을 방해하거나 그 몫을 줄일 수 없습니다. 단, 당신 자신만이 예외입니다.

서부 개척자이며 사업가인 돈 카를로스 무서(Don Carlos Musser)는 그의 책 『당신은 -이다 You Are』에서 이렇게 잘 표현했습니다. "중력의 법칙 때문에 사과는 땅에 떨어진다. 성장의 법칙 때문에 도토리는 거대한 참나무가 된다. 인과의 법칙이 있기에 사람은 마음속으로 생각한 대로 된다. 모든 것은 충분한 원인이 없이는 어떤 일도 일어날 수 없다."

성공은 우연히 찾아오는 것이 아닙니다. 그것은 법칙의 작용에 따른 논리적인 결과로 옵니다. 당신의 뇌와 몸을 통해 작용하는 마음이 당신의 세상을 만듭니다. 당신의 세상이 더 나아지고 커지지 않는 이유는 제한된 생각과 믿음 때문입니다. 차이는 각자가 그 관대함을 얼마나 활용하는지에 달려 있습니다.

어떤 위치, 명예, 목표를 열망하는 데 주저할 이유가 없습니다. 당신 안에 있는 마음은 어떤 필요에도 충분히 대응할 수 있습니다. 큰 문제를 다루는 것이 작은 문제를 다루는 것보다 더 어렵지 않습니다. 마음은 당신 일상의 작은 일들에도, 큰 사업이나 위대한 국가의 일들에도 똑같이 적용됩니다. 마음이 중요한 문제들을 해결할 수 있게 된 순간, 그 능력을 작고 간단한 문제들을 해결하는데만 사용하지 마세요.

시작해 보세요! 주도권을 발휘하세요. 당신의 마음에 무언가를 작업할 기회를 주세요. 성공의 가장 큰 비결은 주도성입니다. 이 자질은 어떤 다른 것보다도 더 많은 사람을 높은 위치에 오르게 했습니다.

무언가를 구상하세요. 먼저 자신의 마음속에서 그것을 구상하세요. 그곳에 패턴을 만들어 놓으면 잠재의식은 주변의 유연한 물질이나 에너지를 끌어당겨 그 모델을 현실로 만들 것입니다. 자신에게 동기를 부여하세요. 강력하게 추진하세요. 세상을 움직이게 만든 사람은 몽상가, 즉 상상력을 가진 사람입니다. 그가 없었다면 우리는 여전히 석기 시대에 머물러 있을 것입니다.

갈릴레오 갈릴레이(Galileo Galilei)는 달을 바라보며 달에 다가갈 방법을 꿈꿨습니다. 망원경은 그 꿈의 결실이었습니다. 제임스 와트(James Watt)는 증기를 이용할 방법을 꿈꿨고 오늘날의 거대한 기관차와 엔진이 그 결과입니다. 벤자민 프랭클린(Benjamin Franklin)은 번개를 제어하는 것을 꿈꿨고 그 결과 피뢰침 덕분에 번개를 안전하게 제어할 수 있게 되었습니다.

주도성과 상상력이 합쳐지면 어디든 갈 수 있습니다. 상상력은 마음의 눈을 열어줍니다. 그리고 상상할 수 있는 좋은 것은 모두 일상생활에서 실현 가능합니다. 상상력은 인간과 신성, 물질적 우주와 무형의 에너지를 연결하는 고리입니다. 인간의 모든 것 중에서 가장 신에 가까운 것입니다. 상상력은 우리의 신성의 일부입니다. 상상력을 통해 우리는 우주적 마음의 창조적 힘을 공유합니다. 상상력을 통해 가장 지루한 삶도 생명과 아름다움으로 가득 찬 것으로 바꿀 수 있습니다. 상상력은 우주적 마음이 끊임없이 우리에게 제공하는 모든 좋은 것들을 활용할 수 있는 방법입니다. 상상력을 통해 어떤 목표든 달성할 수 있고 어떤 상이든 받을 수 있습니다.

무엇이 우리에게 잠수함, 비행기, 무선 통신, 전기(Wireless, Electricity)를 제공했을까요? 상상력입니다. 무엇이 인간이 심플론 터널

(Simplon Tunnel), 파나마 운하(Panama Canal), 헬 게이트 다리(Hell Gate span)를 건설하게 했을까요? 상상력입니다. 무엇이 우리를 성공하고 행복하게, 혹은 가난하고 친구 없이 만드는 걸까요? 상상력, 혹은 상상력의 부족입니다.

스페인, 영국, 프랑스의 모험가들이 이 새로운 세계로 향하게 한 것은 상상력이었습니다. 초기 정착민들을 서쪽으로, 또 서쪽으로 계속 나아가게 한 것도 상상력이었습니다. 우리의 철도, 마을, 그리고 거대한 도시를 건설한 것도 상상력이었습니다.

부모들은 어리석게도 아이들의 상상력을 억제하려고 하지만 상상력은 적절한 지도가 필요할 뿐입니다. 상상력은 아이들의 미래가 형성될 세계를 만들기 때문입니다. 상상력을 억제하면 미래의 가능성도 제한됩니다. 올바르게 발전시키면 그 가능성은 무한합니다. 우주적 힘에 대한 지식없이 허구로만 공상하다 마는 상상력은 방향을 잃은 배와 같고 때로는 번개와도 같습니다. 그러나 상상력은 항구에서 항구로 부를 운반하는 배와 같으며 산업과 진보를 위한 무한한 힘을 운반하는 전류와 같습니다.

행복을 원하십니까? 성공을 원하십니까? 지위, 권력, 부를 원하십니까? 그것들을 상상해 보세요! 성경에서 신은 처음에 인간을 어떻게 만드나요? 신의 형상대로 인간을 창조했습니다. 신은 자신의 마음속에서 인간을 이미지로 만들었습니다. 그리고 그것이 시간의 시작부터 모든 것이 만들어진 방식입니다. 모든 것은 먼저 마음속에 이미지로 그려졌습니다. 당신이 원하는 모든 것이 시작되는 방식도 마찬가지입니다. 먼저 마음속에 정신적인 이미지를 그리는 것입니다.

그러니 상상력을 사용하세요! 당신의 마음속에서 원하는 것을 그려보세요. 그것을 상상하고 너무나 생생하고 분명하게 꿈꾸세요, 그래서 실제로 그것을 갖고 있다고 믿을 수 있을 정도로요. 당신이 이 확신을 잠재의식에 전달하는 순간, 그 순간에 당신의 꿈은 현실로 만드는 활동을 시작할 것입니다. 상상하는 물체의 크기와 필요한 조건들이 모두 모이는데 각각 실현되는 시간이 다를 수 있지만 가장 적합한 시간에, 꼭 맞는 그때 반드시 실현됩니다. 가장 중요한 부분은 이미 완료됐습니다. 당신이 모델을 창조했기 때문입니다. 나머지는 잠재의식에게 맡겨도 됩니다.

모든 사람은 자신의 틀에서 벗어나 성장하고 발전을 이뤄 더 나은 존재가 되고 싶어 합니다. 여기 열린 길이 있습니다. 학력, 능력, 지위, 부유함 여부와 상관없습니다. 이것을 기억하세요. 잠재의식은 당신이 어렸을 때부터 세계의 모든 대학과 도서관의 책들에 있는 것보다 더 많은 것을 알고 있습니다.

그러니 재능의 부족이나 교육의 부족이 당신을 막지 못하게 하세요. 당신의 마음은 모든 필요를 충족시킬 수 있으며 기회를 주면 그렇게 할 것입니다. 예수의 제자 열두 사도는 모두 가난하고 대부분 교육을 받지 못한 사람이었지만 역사에 비할 수 없는 위대한 업적을 이뤘습니다. 잔 다르크(Joan of Arc)는 글을 읽거나 쓸 수 없는 가난한 농촌 소녀였지만 프랑스를 구했습니다!

역사의 페이지는 가난하고 교육받지 못한 사람들이 위대한 생각을 하고 상상력을 사용해 상황을 극복하고 지도자가 된 예로 가득 차 있습니다. 대부분의 위대한 왕조는 가난하고 미미한 인물로부터 시작되었습니다. 나폴레옹(Napoleon)은 가난하고 초라한 가정 출신이었습니다. 그는 매우 열심히 일하고 많은 정치적 지원을 받아야만 군대에서 한 단계 높은 자리에 임명될 수 있었습니다. 현재도 그렇습니다. 대단한 성공을 이룬 사람 중에는 거의 기본적인 교육조차 받지 못한 사람이 많습니다. 앤드류 카네기(Andrew Carnegie)가 수백만 달러를 번 후에야 비로소 가정교사를 고용해 교육의 기본을 배운 것처럼 말입니다.

그러니 성공을 결정짓는 것은 훈련도 교육도 아닙니다. 물론 도움이 되긴 하지만 진정으로 중요한 것은 창조적 상상력입니다! 여러분은 그것을 이미 갖고 있습니다. 그것을 활용하세요! 마음에 떠오르는 모든 생각, 모든 사실이 이익을 가져다줄 수 있게 하세요. 그것들을 작동시키고 당신을 위해 무언가를 만들도록 하세요. 사물들을 현재 상태로만 보지 말고 될 수 있는 모습으로 상상해 보세요. 그것들을 실감 나고 흥미롭게 만드세요. 단순히 꿈꾸는 것에 그치지 말고 새로운 것을 창조하세요! 그리고 그 창조물을 모든 인류와 여러분 자신에게 유익하게 만드세요.

무엇이 부족합니까?

What Do You Lack?

저는 매일 신문을 읽으며

인생의 전투에서 실패한 모든 사람에게

희망이 있다는 이야기를 자주 접합니다.

저는 막 한 신사의 이야기를 읽었는데

그는 50세이며 한 푼도 없고 은행 신용도 없는 사람입니다.

하지만 그는 낙담하지 않고 패배를 거부하며

열심히 노력한 끝에 부와 명성을 얻었으며

이제는 성공한 사람들 사이에 있습니다.

사람들은 실패한 사람들은 결코 어려운 길을

벗어나지 못한다고 말하지만

사실은 의심의 여지 없이 실패자들도

다시 돌아올 수 있다는 것을 보여줍니다.

이 글을 쓰는 저도 40대까지 무일푼으로 실패한 사람이었습니다.

온갖 재난에 시달리며 실패자가 되었고

43세에 팔을 다시 걷어붙였습니다.

저는 열심히 일하며 일상 업무를 수행하기 위해 애썼고

마침내 성공적으로 무언가를 해 냈습니다.

살아 숨 쉬는 한 누구나

승자들 사이로 들어가 명성과 부를 얻을 기회를 가질 수 있습니다.

실패자들도 다시 일어설 수 있습니다.

− 월트 메이슨 −

행복을 원한다면 지금 이 순간에서 찾아야 합니다. 저는 행복에
대해서만큼은 미래를 가정해서는 안 된다고 생각합니다. 마치 6개
월 혹은 그 이상이 되면 갱신해야 하는 약속어음처럼 행복을 미래로
양보해서는 안 된다고 말입니다. 행복을 계속 미루면, 행복을 어음처

283

럼 받아들이면, 행복을 누릴 수 있는 날은 매일 하루씩 줄어들 것입니다. 존재의 목적은 성장입니다. 영적으로나 정신적으로 성장하려면 행복이 필요합니다.

여기서 행복이란 일상 사람들의 일상적인 즐거움을 의미합니다. 사랑과 웃음, 진정한 즐거움을 말합니다. 우리는 그것을 누릴 자격이 있습니다. 스스로 나아가 그것을 얻으려는 의지와 에너지기 있다면요. 기쁨 없는 일, 낮은 임금, 미래가 없는 삶, 기대할 것이 없는 삶은 당신의 것이 아닙니다. 이것은 인간이 만든 것이며 스스로 만들 것입니다. 당신은 그것을 없앨 힘과 의지가 있습니다.

주위를 둘러보세요. 자연은 모두 풍요롭습니다. 나무, 꽃, 모든 계획된 것들 속에서 넘치는 풍요를 볼 수 있습니다. 자연의 유일한 법칙은 공급의 법칙입니다. 가난은 부자연스러운 것입니다. 그것은 스스로에게 한계치를 둬서 만들어낸 것입니다. 지구상의 어떤 사람에게나 당신에게도 동일하게 주어져 있습니다. 차이는 무한한 공급을 활용하는 방법을 얼마나 이해하느냐에 달려 있습니다.

걱정으로 마음을 억누르는 것을 멈추면 재정적인 문제도 풀리게 될 것입니다. 일은 생각과 밀접하게 연결돼 있어서 생각이 바뀌면 일도 평화롭고 질서있게 풍요로워질 것입니다. 내면의 존재 의식 속에 있는 신성한 아이디어들은 사업에서 활발하게 작용하며 풍요로운 번영으로 실현될 것입니다. 저술가이며 자기계발 전문가 데이비드 V. 부시(David V. Bush)는 『응용 심리학과 과학적 생활 Applied Psychology and Scientific Living』에서 이렇게 언급합니다. "생각은 사물이며 에너지다. 생각은 생각하는 사물을 끌어당기는 자석이다."

원하는 것에 집중하고 생각하세요. 가지면 안 되는 것에 대해서는 생각하지 마세요. 풍요, 부유함, 충분함, 지위, 조화, 성장에 대해 생각하세요. 지금 보이지 않아도 모든 것이 맞게 되는 그 지점에서 실현될 것입니다. 지금 당장 겉으로 풍요롭지 않아도 내면에는 풍요가 있다는 걸 알고 시간이 지나면 드러나 보이게 될 것을 믿으세요. 갚아야 할 빚에 집중하면 빚만 남게 되고 가난에 대해 생각하면 가난만 돌아옵니다. 마음이 훈련되면 풍요와 번영, 충분함을 생각하는 것이 부족, 한계, 가난을 생각하는 것보다 쉽습니다.

번영은 시간이나 장소에 한정되지 않습니다. 그것은 인식하는 의식이 있을 때 나타납니다. 걱정, 긴장, 스트레스가 없는 의식일 때 번영이 끌려옵니다. 그러므로 결코 가난에 대해 걱정하지 마세요. 물론 신중하고 일반적인 비즈니스 예방책을 취하는 것은 중요합니다. 하지만 문제에 대해 생각을 집중하지 마세요. 문제에 대해 많이 생각할수록 더 많이 자신에게 묶이게 됩니다. 어려움보다는 원하는 결과에 대해 생각하세요. 마음은 길을 찾아냅니다. 당신은 목표를 선택하고 그 목표가 달성될 때까지 생각을 굳게 유지하기만 하면 됩니다.

가장 빠르게 번영으로 가는 지름길은 번영의 마음으로 사는 것입니다! 번영은 끌어당기고 가난은 밀어내는 거예요. 오리슨 스웨트 마든(Orison Swett Marden)은 이렇게 말했습니다. "부를 열망하면서도 항상 가난할 것이라고 기대하고 항상 원하는 것을 얻을 수 있는 능력을 의심하는 것은 서쪽으로 여행하면서 동쪽에 도달하려는 것과 같습니다. 자기 능력을 항상 의심하면서 성공하기를 바라는 사람에게 도움을 줄 철학은 없습니다. 이는 실패를 끌어당기기 때문입니다."

성공을 위해 아무리 열심히 일해도 실패에 대한 두려움으로 생각이 가득 차 있다면 노력을 죽이고 시도를 무효화하며 성공을 불가능하게 만들 것입니다. 번영의 비밀은 말 그대로 번영을 발산하는 것입니다. 번영을 느끼고 번영을 보며 그 결과 얼마 지나지 않아 진정으로 번영하게 되는 것입니다.

몇 년 전, 한 연극을 본 기억이 있습니다. 그 연극에 등장하는 주인공은 계속된 실패로 실의에 빠져있는 한 젊은이였습니다. 어느 날 친구의 설득으로 주머니에 1,000달러짜리 위조지폐를 갖고 다니게 되었습니다. 그리고 기회가 있을 때마다 그것을 사람들에게 은근히 보여줬습니다. 사람들은 그가 어떤 유산을 물려받았거나 많은 재산을 가진 가문 사람이라고 생각했습니다.

주머니에 천 달러짜리 지폐를 갖고 다니는 사람이라면 은행에 더 많은 돈이 있을 거라고 자연스럽게 추측하게 되었죠. 그러자 기회가 그에게 몰려들었습니다. 성공할 기회, 돈 벌 기회가 많아졌습니다. 그리고 정말로 성공하게 되었습니다.

비즈니스는 신용으로 이뤄집니다. 제가 아는 많은 부자는 팁을 줄 때를 제외하고는 주머니에 거의 돈을 갖고 다니지 않습니다. 그들이 하는 모든 일, 그들이 사는 모든 것은 나중에 청구됩니다. 큰 거래도 마찬가지입니다. 어떤 사람이 많은 돈을 갖고 있고 정직하고 공정한 거래를 한다는 평판이 있다면 한 푼도 내지 않고 수백만 달러짜리 거래를 성사시킬 수 있습니다.

사업에서 중요한 건 통장 잔고가 아니라, 상대가 나를 어떻게 생각하는지, 나를 어떤 이미지로 만들어냈는지입니다. 당신에게 부족한 것은 무엇인가요? 당신이 가장 원하는 것은 무엇인가요? 그것이나 다른 어떤 것이 존재하기 전에, 먼저 마음속에 상상되어야 한다는 걸 깨달으세요. 눈을 감고 그 물건을 실제로 볼 수 있을 때, 이미 그것을 현실로 만들어낸 것입니다. 그것을 생각 속에 간직하고 마음을 그곳에 집중하고 '이미 그것을 가졌다고 믿으라'라고 하면 그것은 나타나게 될 것입니다.

씨앗이 풍부하게 자라기 위해 필요한 성분을 모든 자연법칙에서 끌어모으듯, 자극하여 번영을 가져다주는 사업을 시작하고 실행할 수 있는 풍부한 아이디어를 보이지 않는 곳에서 끌어모읍니다.

마음의 눈으로 풍부한 수확을 볼 수 있다면, 조급하게 덤비지 않고 멈추지 않고 믿고 행동하면, 풍요로움이 모든 곳에 나타날 것입니다.

조각가와 점토

The Sculptor and the Clay

영원한 마음이 도공이며

생각은 영원의 점토입니다.

형성하는 손은 신성하며

그의 작품은 사라지지 않습니다.

신은 불완전한 인간을 만들 수 없고

그의 모델은 무한합니다.

불경한 생각을 계획할 수 없으며

사랑으로 빚어진 작품은

사랑에 어울려야 합니다.

− 앨리스 데이턴 −

당신은 언제나 계획했던 일을 완수할 수 있습니까? 하루 일과 중에 기대한 활력과 힘이 유지되나요? 혹시 피곤한 몸 때문에 지쳐있나요?

세상의 위대한 사람들은 건강하고 강한 사람들이었습니다. 병과 망설임은 함께 갑니다. 병은 약함, 불평, 신뢰 부족, 자신과 타인에 대한 자신감 부족을 만들어 냅니다. 건강과 힘은 자연스러운 것입니다. 병약함과 약함이 비정상적입니다. 당신의 몸은 유연하고 탄력 있으며 근육질이고 활기와 생명력으로 가득 차 있어야 합니다. 맑은 두뇌, 강력한 심장, 튼튼한 가슴, 강철 같은 손목과 팔, 이 모든 것은 당신을 위해 존재합니다. 당신이 이것을 올바르게 알고, 느끼고, 생각하면 가질 수 있습니다.

당신의 근육은 단단하고 탄력 있으며 활력이 넘칩니까? 근육을 키우고 에너지와 활력을 불어넣으며 젊음의 생기와 활력을 주는 것은 뭘까요? 몸이 계속 힘이 쓰도록 하는 걸까요? 그렇다면 왜 그렇게 많은 일용직 노동자가 쉼 없는 움직임과 새벽 이른 공기를 마시면서도 병으로 일 년에 몇 번씩 쉬어야 하는 피로에 시달리나요? 왜 많은 운동선수들이 병에 걸려 죽는 걸까요? 그들은 일 년 내내 가장 과학적인 운동을 하고 있지 않습니까?

얼마 전 유명한 운동 코치 마틴 A. 델라니(Martin A. Delaney)의 갑작스러운 죽음에 관한 기사를 읽었습니다. 그는 유명한 체육 코치

였고 수천 명에게 신체 단련법을 가르쳤지만 심장발작으로 55세에 사망했습니다. 심장 근육이 비대해지고 두꺼워져 정상적으로 기능하지 못하게 돼서 발병한 심장병이었습니다. 그는 차를 타려고 잠시 뛰었을 뿐이었는데 갑자기 쓰러졌고 그대로 사망했습니다.

그렇다면 다이어트가 답일까요? 왜 몇 년 동안 다이어트를 해온 사람들이 여전히 그렇게 약하고 늘어진 몸을 갖고 있는 걸까요? 그러면 무엇이 옳은 걸까요? 식단과 운동의 조합일까요? 요양원이나 유사한 시설의 환자들은 올바른 조합을 얻을 기회가 충분히 있지만 그들이 들어갈 때보다 나아진 상태로 나오는 것을 얼마나 자주 볼 수 있나요?

사실, 식단이나 운동의 장점은 환자가 노력하는 결과를 마음속에 계속 상기시킨다는 점입니다. 이것을 잠재의식에 각인시키는 것입니다. 그래서 신체 단련 전문가들은 항상 거울 앞에서 운동하라고 권장합니다. 결과가 달성된다면 그것은 몸의 움직임이나 특정 음식을 먹어서라기보다 마음이 그 결과를 이룬 것입니다.

오해하지 마세요. 저는 여러분에게 운동을 멈추라고 말하는 것이 아닙니다. 적당하고 즐거운 운동은 정신적으로나 신체적으로 좋습니다. 운동은 의지력을 길러주고 잠재의식에 이루고 싶은 모습의 몸으로 이미지를 각인시키는 데 분명 도움을 줍니다. 마음을 걱정과 고민에서 벗어나게 하고 대신에 원하는 것에 집중하게 합니다.

야외 운동, 테니스, 승마, 수영, 어떤 형태의 활동적인 게임이든 좋습니다. 운동은 피곤한 마음을 위한 최고의 휴식입니다. 정신적인 피로는 문제에 계속 집중하는 데서 옵니다. 마음을 완전히 다른 곳으로 돌리고 잠재의식이 문제를 해결할 시간을 주는 모든 것이 좋습니다. 그래서 하루 동안 놀고 난 후 일로 돌아가면 단순히 상쾌함을 느끼는 것뿐만 아니라, 이전에는 극복할 수 없을 것 같았던 문제들이 쉽게 느껴집니다.

완벽한 젊음이나 완벽한 건강은 마음의 상태입니다. 완벽한 몸을 만드는 한 가지 방법도 잠재의식을 활용하면 더 빠른 효과를 볼 수 있습니다. 모든 세포와 조직, 뼈와 힘줄, 몸의 기관과 근육은 잠재의식의 통제를 받습니다. 잠재의식이 지시하는 대로 형성되거나 기능합니다.

잠재의식은 의식의 제안을 받아들입니다. 팔이나 어깨의 근육을 키운다는 생각을 잠재의식에 심으면 잠재의식은 쉽게 동의하고 근육을 강화합니다. 어떤 음식이 특별한 에너지와 활력을 준다는 생각을 심어주면 잠재의식은 기꺼이 추가적인 활력을 만들어냅니다.

군악대가 행군하는 사람들의 피로를 얼마나 덜어주는지 아십니까? 아무리 많은 운동이나 건강식을 먹어도 슬픔(완전히 정신적인 상태)

을 계속 품고 있다면 사람을 얼마나 우울하고 기운 없게 만드는지 주목한 적이 있습니까? 이처럼 정신 상태는 신체 상태에 큰 영향을 미칩니다.

우리 각자에게는 슈퍼맨이 될 모든 필수 요소가 내재돼 있습니다. 도토리 씨앗 하나에도 거대한 참나무가 될 요소가 모두 들어 있지만, 계속해서 새싹을 잘라내면 참나무가 자랄 수 없습니다. 부정적이고 약한 생각들, 자기 의심과 불신의 생각들은 내면의 자신감을 계속해서 꺾어버립니다.

어떤 사람이 될지 선택하세요! 진정한 내면의 자아를 생각하고 말하고 행동하는 것이 당신의 책임입니다. 당신의 특권은 이 자아 안에서 평화와 풍요로움을 가득히 드러내는 것입니다. 실현되기 원하는 자아 이미지를 확고히 마음에 새기세요. 매일, 매시간, 그리고 끊임없이 자기 삶, 자신의 일, 자기가 사는 세계, 그리고 동료들에 대한 생각이 결과를 결정합니다. 최고의 이상을 굳게 바라보고 있으면 그 확고하고 높은 이상이 축복과 번영을 불러올 것입니다.

마음이 유일한 창조자이고 생각이 유일한 에너지입니다. 중요한 것은 생각 속에 품고 있는 자기 몸에 대한 이미지입니다. 지금까지 그 이미지가 약함이나 병약함이었다면 오늘 지금 당장 바꾸세요. 매일 아침 눈을 뜨자마자 그리고 밤에 잠들기 전 마지막으로 자신에게 반복하세요. "내 몸은 신의 형상과 모습으로 만들어졌다. 신은 처음부터 내 몸을 완벽하게 상상하셨다. 그러므로 내 모든 세포와 뼈와 조직은 완벽하며 모든 장기와 근육은 올바르게 기능하고 있다. 이것이 우주적인 마음속에 있는 나의 완벽하고 건강한 모습이다. 이것이 나의 잠재의식이 알고 있는 유일한 나의 모습이다."

피부는 늙어도
내면과 세포는 아이와 같아서

모세는 죽을 때

나이가 120세였으나

그의 눈은 흐려지지 않았고

기력도 쇠하지 않았다

기억나세요? 날마다, 달마다 엄청난 양의 일을 힘 있게, 열정적으로, 피곤한 기색도 없이, 정신적 피로도 느끼지 않으면서 해치웠던 때를 말이에요. 힘든 하루를 보내고도 마치 새롭게 시작하는 것처럼 저녁 시간을 즐겼던 그때를 기억하나요?

왜 지금은 그렇게 일하고 즐길 수 없는지 종종 궁금하겠지만, '사람이 나이가 들면 젊었을 때처럼 삶을 즐길 수 없다'는 낡은 생각으로 스스로를 합리화했을 겁니다. 이런 바보 같고 낡고 터무니없는 생각은 이제 그만둡시다. 젊음은 시간이 아니라 정신 상태의 문제입니다. 지금도 10년, 20년 전처럼 활기차고 활동적이며 마음이 가벼울 수 있습니다. 진정한 젊음은 완벽한 건강 상태입니다. 그 건강과 함께 따라오는 무한한 에너지와 일이나 즐거움을 누릴 수 있는 능력을 가질 수 있습니다. 나이듦에서 벗어나 10년, 20년, 또는 50년을 젊게 살 수 있습니다. 무엇을 먹을지, 무엇을 마실지를 고민하거나 다이어트나 운동을 통해서가 아닙니다. 몸이 어떤 상태여야 하는지 올바르게 알면 가능합니다.

'내 인생을 다시 살 수만 있다면!' 얼마나 자주 이런 말을 들어봤나요? 사실, 당신은 다시 살 수 있습니다. 지금 당장 시작해서 이미 경험한 만큼의 시간을 다시 살 수 있습니다. 건강, 신체적 자유, 그리고 완전한 활력은 35세나 40세, 혹은 60세나 70세에 끝나야 하는 것이 아닙니다. 나이는 숫자의 문제가 아니라 마음의 상태입니다.

영국인 토마스 파(Thomas Parr)는 152세까지 살았으며, 120세에 두 번째 아내를 맞이할 정도로 건강했습니다. 심지어 152세에 이르렀을 때도 그의 죽음은 노화 때문이 아니라 생활 방식의 갑작스럽고

극적인 변화 때문이었습니다. 그는 평생 단순한 식사를 하며 살았지만, 그의 명성이 왕에게 전해지면서 런던으로 초대받아 호화로운 연회를 즐기다가 결국 그것 때문에 사망했습니다.

지난 2월 14일 자 뉴욕 타임즈 보도에서 팔레스타인에 거주하는 105세의 아랍인 살라 무스타파 살라 아부 무사(Salah Mustapha Salah Abu Musa)에게는 세 번째 치아가 나고 있다는 소식이 실렸습니다.

인간이 지금처럼 빨리 늙어야 할 자연적 이유도, 생물학적 이유도 없습니다. 왜 동물들은 성장을 모두 마친 다음 7~8배나 더 살 수 있나요? 하지만 인간은 왜 성장 이후 고작 두 배 남짓만 살까요? 왜일까요?

그것은 인간이 항상 노화에 관한 생각을 품고 있어서 노쇠와 부패를 재촉하기 때문입니다. 노벨상 수상자이자 록펠러 연구소의 일원인 알렉시스 카렐(Dr. Alexis Carrel)의 실험을 살펴 보죠. 그는 몸에서 채취한 살아 있는 세포가 적절히 보호되고 영양을 공급받으면 무한히 살아 있을 수 있다는 사실을 실험으로 증명했습니다. 1912년, 그는 배아 병아리의 심장 조직을 채취하여 배양액에 넣었습니다. 그 조직은 신체 밖에서 아직도 살아 있을 뿐만 아니라 심지어 아직도 성장하고 있습니다.

최근 카렐 박사는 이 살아 있는 세포들을 미국 전기공학연구소

앞에서 동영상으로 보여주었습니다. 이 세포들은 매우 빨리 자라서 24시간마다 매일 다듬어줘야 한다고 합니다.

이론적으로 몸속 세포들도 몸 밖에 두면 무한히 살아 있을 수 있습니다. 단세포 생물은 자연사하지 않습니다. 무언가 그들을 죽이지 않는 한 계속 살아갑니다. 이제 과학자들은 인간과 같은 디세포 생물도 정말로 죽을 필요가 있는지 의문을 품기 시작했습니다. 죽음이란 인간과 고등 동물의 경우에만 지속적이고 분명한 현상이기 때문입니다.

젊음의 샘

The Fountain of Youth

밝혀진 과학에 의하면 당신이 태어난 지 얼마나 많은 시간이 흘렀든, 당신의 몸은 사실 오늘로 단지 열한 달밖에 되지 않았습니다! 당신의 몸은 끊임없이 자신을 재생하고 있습니다. 이 과정에서 유일하게 확실한 것은 변화입니다. 몸을 구성하는 수백만 개의 세포가 끊임없이 재생되고 있습니다. 심지어 뼈조차도 매일 자신을 재생합니다. 이 세포들은 매일매일 재생되고 있습니다. 매일 오래된 조직을 허물고 새롭게 재건합니다. 몸속에 있는 세포, 근육, 조직, 뼈 중에서 열한 달 이상 된 것은 하나도 없습니다! 그렇다면 왜 나이를 느껴야 할까요? 왜 젊은이들보다 덜 활기차고 덜 즐거워야 할까요?

당신이 자신의 젊음을 깨닫기만 한다면 나이를 느낄 필요가 없습니다. 몸의 모든 기관, 근육, 조직, 세포는 잠재의식에 영향을 받습니다. 이 세포들은 잠재의식이 지시하는 대로 재생됩니다. 마음 속에 어떤 모델을 그리고 있습니까? 그것이 나이 들고 쇠약해진 모습입니까? 아닐 것 같지만 나이가 들어가는 사람 대부분은 나이든 대상을 모델로 삼습니다. 왜냐하면 더 나은 방법을 모르기 때문입니다. 그 결과가 몸에 나타납니다. 하지만 당신은 낡은 모델을 따를 필요가 없습니다. 당신은 마음속에 오직 젊음, 활력, 에너지와 힘, 아름다움의 비전을 그릴 수 있습니다. 이것이 바로 세포들이 재생될 때 사용할 모델이 될 것입니다.

청춘과 노년의 차이를 만드는 것이 무엇인지 아십니까? 단 한 가지입니다. 청춘은 항상 더 나은 것을 기대하며 노년은 뒤를 돌아보며 '잃어버린' 젊음을 한탄한다는 것입니다. 젊었을 때 우리는 끊임없이 성장합니다. 아직 전성기에 도달하지 않았음을 알고 계속해서 발전할 수 있음을 알고 있습니다. 끊임없이 증가하는 신체 능력을 기대합니다. 더 멋지고 완벽한 체격을 기대합니다. 더 높은 정신적 예리함을 기대합니다. 이런 것들을 기대하도록 교육받았기에 그것들을 얻을 것이라고 기대합니다.

하지만 마흔 살 쯤이 되면 어떤 일이 벌어질까요? 이미 전성기에 도달했다거나 지나왔다고 생각합니다. 더 이상 큰 성장을 기대할 수 없고 그저 잠시 '현 상태를 유지'하다가 빠르게 노화와 쇠퇴의 길로 접어들 거라고 배웁니다. 어떤 국가, 어떤 기관, 어떤 개인도 단지 '현 상태를 유지'하기만 해서는 오래 지속될 수 없다는 게 역사를 통해 증명돼 있지 않습니까? 앞으로 나아가야 합니다. 움직여야 합니다. 그렇지 않으면 인생이 우리를 지나칠 것입니다.

성장은 끝없이 가능하다는 걸 깨달을 때 몸도 계속 재건되며 나아집니다. 겉모습이 낡아도 나이를 느낄 필요가 없습니다. 매일, 정신적으로나 신체적으로 완벽할 수 있습니다. 살아 있는 매 순간은 새로운 탄생과 재생의 순간일 뿐입니다. 약한 상태의 신체라도 오늘부터 새로운 정신으로, 새로운 방식으로 재건을 시작할 수 있습니다. 최대 11개월 안에, 새로운 강하고 활기찬 조직으로 대체될 수 있습니다.

어린 시절 불구와 기형을 겪었던 안네트 켈러먼(Annette Keller

man)을 보십시오. 그녀는 세계에서 가장 완벽한 여성으로 성장했습니다. 젊은 시절 약하고 빈혈이 있던 루즈벨트(Roosevelt)를 보십시오. 그는 자신을 무한한 활력과 에너지로 세계의 부러움을 사게 만들었습니다. 세상에서 가장 강한, 많은 남성이 어린 시절에는 약골이었습니다. 나이와 상태에 상관없이 지금부터 청춘을 되찾고 매일 우주적 마음에 그려진 당신의 이상적인 모습에 가까워질 수 있습니다.

평균적인 사람이 성인이 되면 곧바로 쇠퇴하고 노화가 시작된다고 믿는 것보다 더 절망적인 선언은 없습니다. 해먼드 박사(Dr. Hammond)가 말한 바와 같이, 사람이 죽어야 할 생리학적 이유는 없습니다. 그는 인간의 몸이 스스로 무한히 재생하고 지속할 수 있는 고유한 능력을 갖추고 있다고 주장했습니다. 당신의 몸이 낡아간다고요? 물론 그렇습니다. 모든 물질적인 것들이 그렇 듯이요.

하지만 중요한 차이점이 있습니다. 당신의 몸은 낡아가는 만큼 빠르게 재생되고 있습니다! 몸의 일부를 손상시켰나요? 걱정하지 마세요. 당신의 몸 안에는 화학 실험실이 있어서 손상된 부위를 옛날 것만큼 좋거나 더 나은 새로운 부위로 만들 수 있습니다. 당신의 잠재의식에는 이 모든 과정을 관장하는 최고 화학자가 있으며, 우주적마음의 모든 공식을 활용하여 그 화학 실험실이 당신의 손상된 부위를 새롭게 만들어냅니다.

약물이나 다른 방법을 정기적으로 사용하면 그 최고 화학자는 당신의 의식이 그 임무를 대신 맡았다고 생각할 것입니다. 그 이후로는 그 임무를 당신의 의식에 맡겨둘 것입니다. 그가 더 이상 당신의 몸을 젊었을 때처럼 완벽하게 재건할 필요가 없다고 믿게 만들면 그는 낡고 닳아버린 조직을 제거하고 새로운, 더 나은 재료로 교체하는 작업을 늦추게 됩니다.

그 결과 낡은 세포로 동맥은 막히고 관절은 뻣뻣하고 삐걱거립니다. 근육조직. 신경조직, 결합조직, 상피조직 등 신체의 여러 부분에서 중요한 역할을 하는 다양한 세포의 집합체가 위축되기 시작합니다. 간단히 말해, 노화를 시작하는 것입니다.

잘못은 최고의 화학자인 잠재의식에 있는 것이 아닙니다. 잘못은 바로 자신에게 있습니다. 나 자신이 그것을 제대로 일하게 만들지 않았기 때문입니다. 사업, 기업경영, 또는 프로젝트가 실패할 때, 비난받아야 할 사람은 일반 직원이 아니라 지휘하는 책임자입니다. 그는 직원들에게 올바른 계획을 제시하지 않았고 적절한 리더십을 발휘하지 않았으며 최고의 성과를 낼 수 있도록 동기부여하지 않았습니다.

세계 최고의 설계도와 건축 자재를 갖고 있는 엔지니어가 일을 절반쯤 하다 설계도를 버리고 직원들이 마음대로 하도록 내 버려둔

바람에, 처음의 모든 훌륭한 자재를 엉망으로 만든다면, 당신은 이 상황을 어떻게 평가할까요? 30세나 40세에 '미래 바라보기'를 멈추고 이후로는 그냥 나이 들어가는 것을 받아들이기로 결정하면 이렇게 어리석은 행동을 하는 것과 마찬가지입니다. 지금까지 쌓아온 훌륭한 모델을 버리고 세계에서 가장 좋은 자재를 일꾼들이 마음대로 조립하도록 놔두는 꼴입니다. 사실 그것보다 더 나쁩니다. 사실은 더 이상 그들에게 큰 기대를 하지 않는다고 말하는 것이며, 그들이 대충 만들어도 받아들일 수밖에 없다고 말하는 것과 다름없기 때문입니다.

당신 내면의 노동자도 다르지 않습니다. 당신이 기대하는 만큼 그들에게서 얻을 것입니다. 그 이상도 그 이하도 아닙니다. '당신 인생의 시간'은 지금까지 경험한 최고의 시간이어야 합니다. 40개의 다리를 건설한 엔지니어는 몇 개만 건설한 엔지니어보다 훨씬 더 숙련되어야 합니다. 지금 당신이 가진 몸과 활력에 대한 청사진은 스무 살 때보다 훨씬 더 완벽해야 합니다. 심장이 약해지고 위장이 약해졌다고 느끼는 대신, 몇 년 전보다 더 나은 심장을 만들고 있다고 자랑해야 하며 더 완벽하게 위장이 기능하고 있다고 자랑해야 합니다.

한 가지 확실한 것이 있습니다. 신은 쇠퇴와 죽음의 법칙을 명령하지 않았다는 것입니다. 수천 년 또는 수백만 년 전에 이 행성에 온 생명 원리는 죽음의 원리를 함께 가져오지 않았습니다. 죽음은 어둠과 같아서 자체로는 아무것도 아닙니다. 죽음은 단지 생명의 부재이며 어둠은 단지 빛의 부재일 뿐입니다. 생명을 강하게 유지하십시오. 삶은 결코 나이로 측정되어서는 안 되는 것입니다.

언젠가 영원한 태양의 땅을 여행한 한 여행자의 이야기를 읽었습니다. 그곳에는 해가 뜨고 지는 일이 없었고 달이나 변화하는 계절도 없어서 시간을 측정할 방법이 없었습니다. 따라서 그 땅의 주민들에게는 시간이 존재하지 않았습니다. 시간이 없었기 때문에 그들은 나이를 측정할 생각을 하지 않았고 그 결과 나이를 먹지 않았습니다. 단세포 생물처럼, 그들은 사고를 제외하고 죽지 않았습니다.

달력으로 삶을 측정하는 것은 청년의 활력을 앗아가고 노화를 촉진합니다. 남성과 여성은 나이가 들수록 더 건강해지고 판단력이 넓어지며 성숙한 지혜를 얻어야 합니다. 새로운 아이디어에 무뎌지고 죽어가는 대신, 마음의 연습을 통해 청년의 활력과 신선함을 더욱 강하게 상상할 수 있어야 합니다.

아무리 많은 세월이 흘렀어도 아무도 벽난로 옆에 앉아 은퇴할 필요는 없습니다. 세월은 지혜와 건강을 가져와야 하는 것이지 노쇠함을 가져와서는 안 됩니다. 세계적으로 유명한 사람은 많은 동년배가 무덤에 들어갈 나이 이후에 가장 위대한 업적을 이뤘습니다. 영국의 대표 시인 알프레드 로드 테니슨(Tennyson)은 80세에 불후의 명작 『해협을 건너며 Crossing the Bar』를 썼습니다. 고대 그리스 철학자 플라톤(Plato)은 81세에도 여전히 펜을 들고 있었습니다. 고대 로마의 정치가이자 저술가인 카토(Cato)는 같은 나이에 그리스어를 배웠습니다. 독일의 과학자 알렉산더 폰 룸볼트(Humboldt)는 90세에 『코스모스Cosmos』를 완성했으며, 성직자이자 감리교 창시자인 존 웨슬리(John Wesley)는 82세에 "피로라는 것을 느낀 지 이제 12년이 되었다"라고 말했습니다.

마음이 젊으면 몸도 젊습니다. 신체의 모든 기능과 활동은 마음에 의해 조절됩니다. 중요한 장기들은 마음에서 비롯된 에너지에 의존하여 기능합니다. 세포와 조직을 재건하기 위한 물질을 보내는 혈액도 마찬가지입니다. 모든 노폐물을 제거하는 배출 과정 또한 마음의 에너지에 의존합니다.

인간 몸의 발전기가 바로 마음입니다. 마음을 작동시키는 에너지는 생각에서 나옵니다. 건강과 활력에 관한 생각을 마음에 공급하면 전체 시스템이 에너지와 활력을 반영할 것입니다. 반대로 노쇠함과 나이에 대한 생각을 공급하면 시스템은 설정된 느린 속도로 느려지게 될 것입니다. 30세에 늙을 수도 있고, 90세에도 젊을 수 있습니다. 당신에게 달렸습니다. 어느 쪽을 선택하시겠습니까?

만약 젊음을 선택하면 지금 이 순간부터 젊음을 새롭게 하십시오. 되고 싶은 사람, 원하는 모습을 담은 그림이나, 작은 조각상을 찾아 방에 두십시오. 밤에 잠자리에 들 때 그것을 마음의 눈으로 상상하십시오. 그 모습을 당신 자신으로 생각하며 당신이 될 사람으로 여기십시오!

2,500년 전, 세계를 이끌던 아테네의 황금기 동안 그리스의 어머니들은 완벽한 아이를 낳기 위해 아름다운 조각상들로 주변을 가득 채우곤 했습니다. 그 아이들이 완벽한 남자와 여자로 태아 때부터 성장할 수 있도록 하기 위해서였습니다. 지금으로부터 11개월 후면 당신의 몸은 안팎으로 완전히 새로운 몸이 될 것입니다. 현재의 세포나 조직은 하나도 남아 있지 않을 것입니다. 그 새로운 몸에 어떤 변화를 원하십니까? 어떤 개선을 원하십니까?

시각화하십시오! 매일 더 나은 신체와 더 큰 정신적 능력을 기대하십시오. 그 모델을 당신의 잠재의식에 맡겨 구축하게 하십시오. 그러면 11개월이 지나기 전에 그 모델이 바로 당신이 될 것입니다!

행복은 먼 곳에 있는 것이 아니라

지금 이 순간의 작은 것들 속에 있다.

매일의 소소한 기쁨을 발견하고

감사하는 마음으로 살아가다 보면

진정한 행복이 찾아온다.

우리 주변의 작은 행복들이 모여 큰 행복을 이루는 것처럼

소중한 순간들을 놓치지 말고 마음껏 즐기자.

행복은 바로 지금, 이곳에서 시작된다.

7장

생각이
내면으로,

내면이
잠재의식으로

부패한 신념의 잔해를 치우고

낡은 믿음의 거미줄을 제거하십시오.

그리고 이성을 밝히고 지식을 넓히는 빛에

당신의 영혼을 활짝 열어두십시오.

불완전한 진실을 버리고 완전한 진실을

받아들이는 것을 두려워하지 마십시오.

— 엘라 휠러 윌콕스 —

마침내 정신의 시대

The Gift of the Magi

전 세계의 아프고 약해진 사람들은 건강과 힘을 찾기 위해 애쓰고 있습니다. 수십만 명이 피곤하고 아픈 몸을 이끌고 다니거나 병상에서 고통을 겪으며 누군가 약으로 병을 치유해 주기를 기다리고 있습니다. 하지만 지속적인 건강은 약으로만 찾을 수 없습니다. 오직 한 가지 방법을 최우선으로 할 때라야 약도 효과를 낼 수 있습니다. 그것은 잠재의식의 힘을 사용하는 것입니다.

오랫동안 의사들은 이런 생각을 비웃었습니다. 그러나 증거가 쌓이면서 그들은 마지못해 신경질환이나 기능 장애는 정신으로 치료할 수 있다는 것을 인정하게 되었습니다. 더 진보적인 의사들은 이제 마음이 질병을 치료하는 데 사실상 한계가 없다는 것을 인정합니다.

마음이 신체에 영향을 미친다는 것을 인정하는 것입니다.

누구나 공포로 창백해지거나 분노로 얼굴이 붉어지는 사람을 본 적 있을 것입니다. 갑작스러운 공포로 심장 박동이 멈추는 것, 흥분으로 인한 빠른 호흡과 심장의 쿵쾅거림을 느껴본 적이 있을 것입니다. 이처럼 수백 가지의 마음이 신체에 미치는 영향을 우리는 모두 경험했습니다. 중국에는 '전염병이 생기면 5,000명은 전염병으로 죽지만 50,000명은 그 두려움으로 죽는다'는 말이 있을 정도입니다.

잠시 다시 단순한 아메바로 돌아가 봅시다. 여러분이 근본주의자이든 진화론자이든 상관없습니다. 진화론 측면에서 사실을 증명하기가 좀 더 어렵기 때문에, 그 관점에서 논의해 봅시다. 아메바는 1장에서 언급한 것처럼 과학자들이 알고 있는 가장 낮은 형태의 동물 생명체로 단 하나의 세포만을 가진 일종의 해파리입니다. 뇌도, 지능도 없으며, 단지 생명만을 가지고 있습니다. 아무도 이 생명체가 자신을 발전시킬 수 있다고 주장하지 않을 것입니다. 또한 아무도 이 존재가 스스로 다음 형태의 생명체로 진화했다고 주장하지 않을 것입니다.

그런데도 과학에 따르면 다음 생명 형태는 이 젤리 같은 물질에서 발달했다는 것입니다. 아메바가 스스로 발전할 수는 없습니다. 따라서 어떤 외부 지성이 이 일을 해야 했다는 결론에 도달하게 됩니다. 하지만 당시 다른 생명체는 존재하지 않았습니다. 아메바는 지구 상에 있는 모든 동물 생명체 중 혼자였습니다. 물과 대기 상태는 다른 형태의 동물이 생존할 수 없을 정도였습니다. 따라서 다음 동물 생명체를 발달시킨 지성은 아메바를 창조한 지성, 즉 이 행성에 생명을 처음 가져온 지성일 것입니다. 그 지성은 다양한 이름으로 불립니다. 신, 섭리, 자연, 생명 원리, 마음 등. 이 책에서는 그것을 '우주적 마음(Universal Mind)'이라고 부르고 있습니다.

지구에 생명을 형성한 후, 우주적 마음은 그것을 발전시키기 시작했습니다. 단세포 생물로 시작하여 세포를 하나하나 쌓아가며 지구의 냉각으로 인한 대기와 환경의 다양한 조건에 맞게 생명체의 형태를 변화시켰습니다. 다세포 구조가 복잡해지자, 다양한 기능을 조절할 뇌를 주었습니다. 땅이 드러나고 물이 빠지면서 특정 동물들이 몇 시간 동안 건조한 상태에 놓이게 되자, 그들에게 공기를 위한 폐와 물을 위한 아가미를 주었습니다.

생명체들이 서로를 먹이로 삼기 시작하자 한 생명체에는 속도를, 다른 생명체에는 껍질을 주었습니다. 또 다른 생명체에게는 미끄러운 액체를 분비하게 하여 각자 나름대로 도망치고 생존할 수 있도록 했습니다. 그러나 언제나 우주적 마음은 발전했습니다. 각 새로운 생명 단계는 이전 단계보다 더 나은 것이었으며 항상 그 자원의 풍부함과 모든 필요를 충족할 수 있는 능력을 보여주었습니다.

마침내 모든 노력의 절정으로 인간을 창조했습니다. 인간은 단순히 하등 동물들과 같은 뇌를 가진 것이 아니라, 이성과 무한한 지성을 공유하는 신의 형상과 닮은 창조자의 능력을 부여받았습니다. 인간은 우주적 마음의 일부이자 창조자입니다.

하나의 세포로 된 아메바에서부터 인간에 이르기까지, 모든 창조 과정에서 과학자들은 이 과정을 지시하는 지성이 매 순간 작용되고 있었다는 것을 인정합니다. 이 우주적 마음은 각각 새로운 동물의 모델을 형성했으며 그 모델은 직면해야 할 조건에 가장 적합한 완벽한 모델이었습니다.

우주적 마음은 처음부터 지금까지 결코 뒤로 물러서거나 멈추지 않았습니다. 항상 발전해 왔습니다. 가장 낮은 형태의 생명체도 새로운 긴급 상황에 대처하기 위해 필요한 수단을 개발할 수 있는 능력이 내재되어 있습니다. 앞서 언급했던 식물 기생충과 같은 하등 생명체에도 내재되어 있다면 인간에게는 이것을 뛰어넘는 능력이 내재돼 있다고 확신할 수 있지 않습니까?

너무 어렵게 느껴지나요? 그러면 이렇게 생각해 보세요. 어떤 신체 장기가 병들었다고 생각하는 것은 당신의 의식입니다. 이 생각이 잠재의식으로 전달되면, 잠재의식은 그 병든 모델을 따라 장기의 세포를 만들어갑니다.

몸은 수많은 양성자와 전자들로 이루어진 집합체입니다. 이들은 마음에 의해 하나로 묶여 있습니다. 이들은 우리 주변에 있는 보편적인 물질이며 마음이 형태를 만드는 재료입니다. 잠재의식은 마음의 창조적 힘을 공유하며 그 덕분에 매일, 매시간 몸을 구성하는 전기 에너지 입자를 마음속에 간직한 이미지에 맞춰 변화시키고 있습니다.

병에 걸린 대부분의 사람은 자신이 얼마나 많은 것을 스스로 할 수 있는지 잘 모릅니다. 왜냐하면 신체의 모든 기능은 마음에 의해 조절되기 때문입니다. 병이나 통증이 당신을 공격하는 순간에도 우주적 마음이 당신의 모든 장기를 완벽하게 만들었다는 것, 그리고 지금도 우주적 마음속에 있는 각 장기의 유일한 이미지는 완벽한 이미지라는 것, 이 완벽한 개념은 어떤 상황에서도 문제를 해결할 수 있는 힘을 가지고 있다는 것입니다.

우리는 모두 조각가입니다. 당신은 무엇을 만들고 있습니까? 어떤 이미지를 마음에 품고 있습니까? 질병의 이미지입니까? 가난의 이미지입니까? 한계의 이미지입니까?

몸은 어떻게 의식의 지시없이 숨을 쉽니까?

당신은 마음이 몸에 어느 정도 영향을 미친다는 것을 인정하지만 신체가 더 큰 힘을 갖고 있다고 생각할 수 있습니다. 그러나 그 생각 때문에 장기에 의존하고 그들의 노예가 됩니다. 몸의 장기가 주인이라는 생각을 품고 있으면 그것을 주인으로 만들고 삼재의식의 지배적인 지능을 잃게 됩니다. 장기가 제대로 기능하지 않을 때 치료하려고 하지만 실제로 필요한 것은 마음에 관한 치료입니다. 몸의 기능에 문제가 있는 것 같을 때 조사해야 할 곳은 잠재의식인 것입니다.

섭씨 18도의 방에 앉아 있을 때 체온을 37도로 유지하기 위해 얼마나 많은 당을 혈액에 공급해야 하는지 간 자체는 계산할 수 없습니다. 영하 10도의 강풍 속에 있을 때 체온을 정상으로 유지하기 위해 얼마나 더 많은 당이 필요한지도 모릅니다. 그럼에도 간은 필요한 양을 즉시 정확히 공급합니다. 이 정보는 어디서 오는 걸까요? 당신은 모릅니다. 어떤 인간도 계산해 낼 수 없습니다.

간은 이 정보를 잠재의식에서 얻습니다. 그리고 그 정보를 사용하는 방법에 대한 지시도 잠재의식에서 받습니다. 다른 모든 신체 기관들도 같은 방식으로 정보를 얻습니다. 근육도 자율적으로 움직이지 않습니다. 마음이 없다면 그 근육은 다른 물질과 마찬가지로 생명 없고 무기력한 상태일 뿐입니다. 근육은 스스로 무엇을 할지 결정하지 못하고 단지 마음의 명령에 따를 뿐입니다.

전류를 차단하면 기계는 어떻게 될까요? 지시하는 인간을 없애면 기계는 얼마나 빨리 고철 더미, 단순한 철과 고무 조각이 될까요? 그 기계가 스스로 얼마나 오래 작동할 수 있을까요? 몸도 마찬가지입니다. 세상에서 가장 복잡하면서도 가장 완벽한 메커니즘이 바로 몸입니다. 정신의 동력이 차단되면, 모든 장기의 작동을 지시하는 지능이 사라지면, 무엇이 남을까요? 뼈와 살 덩어리, 무기력하고 쓸모없는 상태가 될 뿐입니다.

결국 몸은 단순한 기계 장치일 뿐입니다. 완전히 마음에 의존합니다. 스스로는 아무런 힘도 의지도 없습니다. 몸은 마음이 주인입니다. 그리고 마음이 지시하는 대로 움직입니다.

신체의 결함은 몸이 주인이기 때문에 마음과 상관없이 없이 감기에 걸리거나 병에 걸릴 수 있다고 믿는 것입니다. 만약 몸을 지배할 수 있다고 믿을 수 있다면, 질병에 대한 두려움도 없앨 수 있습니다. 두려움이 사라지면 질병의 근원도 사라집니다. 방법은 간단합니다. 이제 몸에서 오는 모든 불평을 믿거나 신경 쓰지 않는 것입니다. 날씨나 공기, 습기나 바람을 두려워하지 마십시오. 그것들을 건강에 해롭다고 믿을 때만 당신에게 해롭습니다. 먹은 음식이 맞지 않는다고 느껴질 때, 위장은 무엇이 좋고 나쁜지 판단할 능력이 없음을 상기시켜 주십시오. 위장은 단지 음식이 특정 처리를 거쳐 통과하는 통로일 뿐입니다. 만약 음식이 좋지 않다면 가능한 한 빨리 배설기관을 통해 배출하면 됩니다.

위장은 충분히 그 일을 해낼 수 있습니다. 모든 신체 기관은 적절한 마음가짐만 있다면 어떤 상황에서도 견딜 수 있습니다. 장기가 병에 걸리는 이유는 당신이 그렇게 하라고 하기 때문입니다. 높은 곳에서 떨어져도 다치지 않은 사람도 있고, 가장 치명적인 독을 먹고도 해를 입지 않은 사람도 있습니다. 불이나 홍수, 전염병을 겪고도 다친데 하나 없이 살아남은 사람들도 있습니다. 한 번 할 수 있었던 일이라면 다시 할 수 있습니다.

누군가 어떤 음식이 좋지 않다고 말할 때 이 점을 기억하십시오. 적당히 먹기만 하면, 무엇이든 먹고 싶은 것을 먹을 수 있습니다. 어떤 음식을 먹더라도, 그것을 즐기고 그것이 당신에게 좋다고 믿으면 그것은 실제로 당신에게 좋을 것입니다!

몸은 스스로 아프다고 말할 수 없습니다. 따라서 질병은 당신의 의식이나 외부에서 오는 것입니다. 어떤 경우든 질병에 대한 믿음이 잠재의식에 도달하지 않도록 조절하고 두려움이 마음에 새겨지지 않도록 하십시오.

이미 질병이 마음에 각인된 상태라면 몸은 전적으로 마음에 종속되어 있다는 사실을 받아들이십시오. 몸은 지능이 없으며 끊임없이 변하고 있습니다. 그들이 취하는 형태는 전적으로 마음속에 갖고 있는 이미지에 달려 있습니다. 건강해지기를 원한다면 생각을 바꿔야 합니다. 이 작은 공식을 아침과 저녁으로 반복하십시오.

'물질은 영구적이지 않습니다.
가장 확실한 것은 바로 변화한다는 것입니다.'

몸의 모든 세포와 조직은 끊임없이 새로워지고 있습니다. 낡고 닳은 조직은 분해되고 제거됩니다. 느낌과 지시를 내리는 것은 마음이라는 것을 기억할 수 있다면 외부 원인으로부터 아무것도 두려워할 것이 없다는 것을 깨닫게 될 것입니다. 사고가 발생했을 때, 즉시 자신이 다쳤을 것으로 생각하지 마십시오. 반대로, 다칠 수 없다고 즉시 생각하십시오. 당신의 잠재의식이 손상된 부분을 신속하게 그 이미지에 따라 재건할 것입니다.

지네는 매우 행복하게 살고 있었습니다
그러던 어느 날 두꺼비가 장난으로
"어느 다리가 어느 다리 뒤를 따르지?"라고 물었습니다
이 말에 지네는 마음이 혼란스러워졌고

어떻게 걸어야 할지 생각하다가

결국 도랑에 빠졌습니다

당신이 창조되기 전에, 우주적 마음은 당신을 만들기 위한 모델을 생각했습니다. 당신은 처음에도 완벽했고, 지금도 완벽합니다. '우주적 마음'이 아는 당신의 유일한 이미지는 완벽한 모델이며, 모든 세포와 기관은 완벽한 선을 따라 형성되었습니다.

절대 의심하지 마세요. 두려워하지 마세요. 어려운 수학 문제를 해결하는 것처럼 문제에 접근하세요. 수학에서는 규칙을 따르고 올바르게 작업하면 해결할 수 없는 문제가 없다는 것을 알고 있습니다.

당신이, 당신의 역할을 다 하는 한, 수학의 원리는 나머지를 해결해줄 것입니다. 인생의 모든 문제도 마찬가지입니다. 걱정하지 마세요. 좌절하지 마세요. 아무리 어려워 보일지라도 올바른 방법으로 문제에 접근하세요. 여기서 제시된 규칙들을 따르세요. 그러면 '존재의 원리'가 당신에게 답을 가져다줄 것을 확신할 수 있습니다.

결론

L'Envoi

천국은 밭에 숨겨진 보물과 같습니다.

어떤 사람이 그것을 발견하면

기뻐하며 가진 모든 것을 팔아 그 밭을 삽니다.

이 밭은 당신의 의식입니다. 다른 사람들은 볼 수 없는 당신 내면에 숨겨진 보물입니다. 만약 당신이 이 보물을 깨닫고 조금이라도 사용하기 시작했다면 이 세상에서 가장 놀라운 일이 당신에게 일어난 것입니다. 이것이 의미하는 바는 무엇일까요? 모든 고통, 두려움, 걱정, 미신에 시달리는 평범한 인간이 '존재의 법칙'을 배웠다는 것입니다. 이는 그가 자신을 파괴하려는 모든 것을 능가하는 힘을 얻었다는 것을 의미합니다. 모든 선이 그가 숨 쉬는 공기만큼이나 자유롭게 그에게 주어진다는 것을 의미합니다.

우리 주변의 모든 좋은 것들에 감사해야 할 이유가 분명히 있습니다. 지금 세상은 이전 세대보다 훨씬 더 경이롭습니다. 인류는 무한한 힘을 엿보기 시작했습니다. 진 세계가 새로운 아이디어에 민감하고 유연하게 반응합니다. 인간의 영혼은 자신을 발견하고 무한한 힘과의 관계를 배우고 있습니다. 눈에 보이는 것과 보이지 않는 것 사이의 장막이 거둬지고 있습니다.

꿈을 잃지 않는 것이 인생에서 가장 중요한 일이다.

어려움이 다가와도,

꿈을 향한 열정을 놓지 않고 꾸준히 나아가다 보면

결국 그 꿈을 이룰 수 있다.

꿈은 우리가 어려운 상황에서도 앞으로 나아가게 하는 힘이 된다.

자신을 믿고, 꿈을 향한 여정을 계속하며, 한 걸음씩 나아가자.

꿈을 포기하지 않는 한

우리는 언제나 가능성을 가지고 있다.

세기의 책들 20선
천년의 지혜 시리즈 No.8 자기계발 편 3부

꿈을 이뤄주는 책 Secret of the Age A New thought classic Robert Collier

최초 출간일 1926년

초판 1쇄 인쇄 2024년 9월 2일
초판 3쇄 발행 2024년 11월 20일

펴낸 곳	스노우폭스북스
지은이	로버트 콜리어
편저·기획	서진(여왕벌)
번역 감수	안진환
번역 대조	최장헌
도서 디자인	헤라(강희연)
마케팅 총괄	에이스(김정현)
SNS	라이즈(이민우)
유튜브	테드(이한음)
홍보디자인	샤인(김완선)
미디어	형연(김형연)
영업	영신(이동진)
제작	해니(박범준)
종이	월드(박영국)
주소	경기도 파주시 회동길 527, 스노우폭스북스빌딩 3층
대표번호	031-927-9965
팩스	070-7589-0721
전자우편	edit@sfbooks.co.kr
출판신고	2015년 8월 7일 제406-2015-000159

ISBN   979-11-91769-78-4   03190
값 16,800원

스노우폭스북스는 "이 책을 읽게 될 단 한 명의 독자만을 바라보고 책을 만듭니다."